FACETAS

Nivel intermedio
Curso breve

FOURTH EDITION

Student Activities Manual

VISTA®
HIGHER LEARNING

No part of this work may be reproduced or distributed in any form or by any means, electronic or mechanical, including photocopying and recording, or by any information storage or retrieval system without prior written permission from Vista Higher Learning, 500 Boylston Street, Suite 620, Boston, MA 02116-3736.

Printed in the United States of America.

ISBN: 978-1-62680-964-2

1 2 3 4 5 6 7 8 9 PP 20 19 18 17 16 15

Table of Contents

LAB MANUAL

VIDEO MANUAL

About the Student Activities Manual

The **FACETAS** Student Activities Manual (SAM) provides you with additional practice of the vocabulary, grammar, and language functions presented in each of your textbook's six lessons. The SAM will also help you to continue building your Spanish language skills: listening, speaking, reading, and writing. The SAM combines three major learning tools in a single volume: the Workbook, the Lab Manual, and the Video Manual.

Workbook

Each lesson's workbook activities focus on developing your reading and writing skills as they recycle the language from the corresponding textbook lesson. Exercise formats include true/false, multiple choice, fill-in-the-blanks, sentence completions, fleshing out sentences from key elements, and answering questions. You will also find activities based on drawings and photographs.

Each workbook lesson reflects the overall organization of the textbook. Every lesson contains practice for **Contextos** and **Estructura**; lessons progress to the **Atando cabos** section, sections where you will concentrate on reading and writing in a more sustained context.

Lab Manual

The Lab Manual activities are designed for use with the **FACETAS** Lab Audio Program MP3s (available on the Supersite). The activities focus on building your listening comprehension, speaking, and pronunciation skills in Spanish, as they reinforce the vocabulary and grammar of the corresponding textbook lesson. The Lab Manual guides you through the Lab Audio Program MP3 files, providing the written cues—direction lines, models, charts, drawings, etc.—you will need in order to follow along easily. You will hear statements, questions, dialogues, conversations, monologues, commercials, and many other kinds of listening passages, all recorded by native Spanish speakers. You will encounter a wide range of activities, such as listening-and-repeating and listening-and-responding exercises, listening-and-speaking practice, listening-and-writing activities, and illustration-based work.

Each lesson of the Lab Manual contains a **Contextos** section that practices the vocabulary taught in the corresponding textbook lesson, and each one continues with an **Estructura** section. **Lecciones 1–4** contain a **Pronunciación** section in which you will practice sounds that are particularly difficult for students of Spanish.

Video Manual

The **FACETAS Fotonovela** Video offers five- to seven-minute episodes of an original situation comedy, one episode for each of the six lessons in the student textbook. The characters—Fabiola, Mariela, Diana, Éric, Johnny, and their boss, Aguayo—work in Mexico City for a magazine called *Facetas,* and quite a few humorous and unexpected situations arise in every episode.

The structure of each episode parallels contemporary popular sitcoms, complete with a "teaser" scene that introduces the show and a funny "tag" scene that ends the episode with a joke. The video episodes are expanded versions of the ones featured in the **Fotonovela** sections of your textbook. Each episode emphasizes the grammar and vocabulary of the corresponding textbook lesson within the context of the episode's key events.

The video activities will guide you through the video episodes. **Antes de ver el video** offers previewing activities to prepare you for successful video viewing experiences. **Mientras ves el video** contains while-viewing activities that will take you through each episode, focusing on key ideas and events. Lastly, **Después de ver el video** provides post-viewing activities that check your comprehension and ask you to apply these materials to your own life or offer your own opinions.

We hope that you will find the **FACETAS** Student Activities Manual to be a useful language learning resource and that it will help you increase your Spanish language skills both effectively and enjoyably.

The Vista Higher Learning editorial staff

CONTEXTOS

Lección 1
Las relaciones personales

Workbook

1   **Oraciones incompletas** Elige la palabra apropiada para completar cada definición.

1. Una persona que impone reglas muy estrictas es _____.
   a. autoritaria   b. emocionada   c. graciosa

2. Alguien que se siente siempre triste es una persona _____.
   a. ansiosa   b. deprimida   c. tacaña

3. A una persona _____ no le gusta gastar su dinero.
   a. falsa   b. cariñosa   c. tacaña

4. Alguien es _____ cuando no dice la verdad.
   a. maduro   b. orgulloso   c. mentiroso

5. Alguien es _____ cuando piensa mucho y toma decisiones lógicas.
   a. sensato   b. sensible   c. permisivo

2   **Definiciones** Escribe la palabra que corresponde a cada definición.

_____ 1. alguien que no dice la verdad

_____ 2. alguien que es muy afectuoso y que muestra sus emociones fácilmente

_____ 3. algo que no es cierto

_____ 4. cuando un chico sale con una chica, o al revés

_____ 5. una persona que siente vergüenza al hablar con otras personas

_____ 6. el estado civil de alguien que vive en matrimonio

_____ 7. dar señales para atraer a alguien

_____ 8. una persona que no está casada

_____ 9. encuentro con una persona que no conoces

_____ 10. una persona con el estado de ánimo muy bajo

3   **Opuestos** Escribe el antónimo de estas palabras o expresiones.

1. agobiado _____

2. casado _____

3. pasarlo bien _____

4. salir con alguien _____

5. tacaño _____

Workbook

4

No, no es verdad Cuando Lucía dice algo, Daniela siempre le contesta diciendo lo contrario. Escribe lo que contesta Daniela, según el modelo.

> **modelo**
>
> **LUCÍA** ¡Carlos es insensible!
> **DANIELA** *No, no es verdad. Carlos es sensible.*

1. **LUCÍA** Fermín y Carla se odian.
   DANIELA _____

2. **LUCÍA** Fermín es muy inseguro.
   DANIELA _____

3. **LUCÍA** Carla está muy ansiosa.
   DANIELA _____

4. **LUCÍA** Ellos están divorciados.
   DANIELA _____

5. **LUCÍA** Ellos se llevan fatal.
   DANIELA _____

5

Analogías Completa cada analogía con la palabra adecuada.

1. pasarlo bien : discutir :: adorar : _____

2. cuidado : cuidadoso :: cariño : _____

3. salir con : romper con :: estar casado : _____

4. casados : boda :: novios : _____

6

Relaciones Usa las palabras y frases de la lista para formar oraciones sobre personas que tú conozcas.

cuidar	hacerle caso a alguien	pasarlo bien
discutir	llevar... años de casados	salir con
estar harto de	mantenerse en contacto	soportar a alguien

1. Mis padres **llevan** veinte **años de casados**. Aunque a veces **discuten**, ellos se adoran y tienen una buena relación.

2. _____

3. _____

4. _____

5. _____

6. _____

ESTRUCTURA

1.1 The present tense

1   **Conclusiones erróneas** Completa las ideas y las conclusiones erróneas de Emilia.

1. Mi amiga no **está** casada y se **siente** sola.

   Yo no _____ casada y me _____ sola.

   Tú no _____ casado y te _____ solo.

   Conclusión: Todas las personas que no _____ casadas se _____ solas.

2. Tú te **mantienes** en contacto con tus amigos de la universidad.

   Mis amigos y yo nos _____ en contacto.

   Mi abuela y su mejor amiga de la infancia todavía se _____ en contacto.

   Conclusión: Todos los amigos se _____ en contacto.

3. Yo me **llevo** bien con mi hermano.

   Tú te _____ bien con tu hermano.

   Mis padres se _____ bien con sus hermanos.

   Conclusión: Todos los hermanos se _____ bien.

4. Yo siempre les **hago** caso a mis padres.

   Tú siempre les _____ caso a tus padres.

   Mi amigo Guillermo siempre les _____ caso a sus padres.

   Conclusión: Todos los hijos les _____ caso a sus padres.

2   **Excusas** Completa la conversación entre Juan y Marina con la forma correcta de los verbos entre paréntesis.

JUAN   ¿(1) _____ (Querer) cenar conmigo esta noche?

MARINA   No, gracias, esta noche (2) _____ (salir) con una amiga.

JUAN   ¿Adónde (3) _____ (ir) a ir ustedes?

MARINA   Yo no lo (4) _____ (saber) todavía.

JUAN   ¿Cuándo (5) _____ (pensar) tú que lo vas a saber?

MARINA   Nosotras (6) _____ (tener) que ir antes a una reunión, pero yo

   (7) _____ (creer) que vamos a ir a bailar.

JUAN   De acuerdo, pero nosotros (8) _____ (poder) hacer planes para mañana.

MARINA   Yo (9) _____ (tener) mucho trabajo y además (10) _____

   (estar) muy preocupada por mi amiga. Ella (11) _____ (estar) deprimida.

JUAN   ¿Qué (12) _____ (poder) hacer yo para ayudarla?

MARINA   Hmm... La verdad es que no (13) _____ (ver) cómo tú podrías ayudarla,

   pero gracias.

Lección 1 Workbook   **3**

3 **¡Pobre Manuel!** Completa las oraciones usando los verbos entre paréntesis para explicar por qué Manuel está enojado.

1. Manuel está enojado con su novia porque...

   (saber) _____

   (dormir) _____

2. Manuel está enojado con sus amigos porque...

   (estar) _____

   (tener) _____

3. Manuel está enojado con su vecina, doña María, porque...

   (decir) _____

   (hacer) _____

4. Manuel está enojado con Andrés y Luisa porque...

   (discutir) _____

   (traer) _____

4 **Primer contacto** Jorge y Mariana se conocieron en Internet y comenzaron a intercambiar mensajes por correo electrónico. Completa sus primeros mensajes con los verbos de la lista.

creer	estudiar	preferir	salir	tomar
dirigir	pensar	querer	tener	trabajar

¡Hola, Mariana! Como ya sabes, soy periodista y (1) _____ la sección de cultura de una revista. (2) _____ una perra que se llama Lola. No (3) _____ mucho porque siempre estoy trabajando. (4) _____ que eres una mujer muy interesante. Espero conocerte en persona pronto.

Hola, Jorge, gracias por tu mensaje. Tengo 25 años, ¿y tú? (5) _____ economía en la UNAM; además, (6) _____ clases de estadística. También (7) _____ en un banco en la Ciudad de México. (8) _____ a los hombres inteligentes y seguros, y (9) _____ que eres así. Yo también (10) _____ conocerte en persona pronto.

5 **La primera cita** Tomás y Sandra salen juntos por primera vez. Cuenta qué sucede en su primera cita. Usa al menos seis verbos de la lista conjugados en tiempo presente.

caminar	compartir	hablar	ir	salir
comer	dar	hacer	pedir	trabajar

_____

_____

_____

_____

_____

1.2 *Ser* and *estar*

1 **¿Ser o estar?** Completa el párrafo con la forma apropiada de **ser** y **estar**.

Daniel (1) _____ hablando por teléfono con su primo Ernesto. Ernesto
(2) _____ deprimido porque su novia (3) _____ muy lejos: ella
(4) _____ en los EE.UU. Su situación (5) _____ complicada porque
Ernesto (6) _____ de México, y su novia (7) _____ estadounidense y
vive en Miami. Ellos (8) _____ muy enamorados, pero no (9) _____
felices. Ernesto (10) _____ pensando en ir a estudiar a Miami y le pregunta a su primo
Daniel si (11) _____ una buena idea. ¿Qué consejos le dará Daniel a su primo?

2 **¿Qué significa?** Selecciona la opción con el mismo significado que la oración original.

1. A Juan no le gusta mucho la clase de italiano.
   a. Juan es aburrido.   b. Juan está aburrido.

2. Juan se va de vacaciones con sus amigos. Ya tiene todo en orden. Quiere salir ahora.
   a. Juan es listo.   b. Juan está listo.

3. ¡Este jamón tiene un olor extraño!
   a. El jamón es malo.   b. El jamón está malo.

4. Estas naranjas no han madurado (*have not ripened*).
   a. Las naranjas están verdes.   b. Las naranjas son verdes.

5. Las chicas siempre suspiran (*sigh*) cuando ven a Juan.
   a. Juan es guapo.   b. Juan está guapo.

6. Juan es un chico muy activo; tiene planes para toda la semana, pero no para el sábado.
   a. Juan es libre el sábado.   b. Juan está libre el sábado.

3 **Primer día de trabajo** Completa el párrafo con la forma apropiada de **ser** y **estar**.

(1) _____ las 7:00 de la mañana y Lucía todavía
(2) _____ en la cama. Hoy (3) _____
su primer día de trabajo y tiene que (4) _____ ahí a
las 8:00. Mira por la ventana y (5) _____ nublado. Se

prepara rápidamente y a las 7:30 ya (6) _____ lista.
Lucía no sabe dónde (7) _____ la oficina. Finalmente
llega y sus compañeros, que no (8) _____ trabajando,
la saludan. Ella piensa que todos (9) _____ simpáticos. Andrea, la secretaria, le
dice que la reunión con Armando, el gerente, (10) _____ en la sala de conferencias.
Lucía (11) _____ un poco nerviosa, pero (12) _____ contenta y cree
que éste (13) _____ un buen lugar para trabajar.

4   El consultorio Lee la carta que un consejero sentimental le envía a Julia y completa las oraciones con la forma correcta de **ser** y **estar**.

Querida Julia:

Tu caso no (1) _____ único, (2) _____ muy frecuente. Hay personas que (3) _____ insensibles a los sentimientos de los demás y tu novio (4) _____ una de esas personas. Él dice que (5) _____ agobiado con los estudios y que (6) _____ deprimido. No sale contigo porque (7) _____ estudiando y cuando sale contigo siempre (8) _____ coqueteando con otras chicas. Sé que tú (9) _____ pasando por un momento difícil, pero tienes que darte cuenta de que tu novio no (10) _____ sincero contigo. Te aconsejo que rompas con él. Julia, tú (11) _____ una buena chica y pronto vas a (12) _____ lista para empezar una nueva relación.

5   La carta de Julia Imagina que tú eres Julia. Escribe la carta que ella le escribió al consejero sentimental. Usa **ser** y **estar** en cinco oraciones.

Estimado consejero sentimental:

Necesito su consejo porque tengo problemas en mi relación. Mi novio…

_____
_____
_____
_____
_____

Atentamente,

Julia

6   Busco pareja Imagina que estás buscando pareja y decides escribir un anuncio personal. Describe tu personalidad y tu estado de ánimo actual (*present*). Usa **ser** y **estar** y el vocabulario de la lección.

_____
_____
_____
_____
_____
_____
_____
_____
_____

1.3 Progressive forms

1 **¡Qué desconcierto!** Completa la conversación con el gerundio de los verbos entre paréntesis.

GUILLE ¿Qué anda (1) _____ (buscar), jefe?

MARTÍN Al grupo. Hace media hora que debían estar aquí.

GUILLE Están (2) _____ (descansar), jefe. Anoche estuvimos (3) _____ (trabajar) hasta tarde.

MARTÍN ¡Me estoy (4) _____ (poner) nervioso! Tenemos que ensayar el nuevo tema. ¿Qué están (5) _____ (hacer)?

GUILLE Juan está (6) _____ (dormir). Se acostó al mediodía.

MARTÍN ¡Ese muchacho sigue (7) _____ (ser) un irresponsable! No sé por qué lo sigo (8) _____ (soportar).

GUILLE No se enoje, jefe. Juan está (9) _____ (tocar) muy bien la guitarra estos días.

MARTÍN ¿Qué me dices de Karina?

GUILLE Hace media hora estaba (10) _____ (leer) una novela en la biblioteca.

MARTÍN ¿Y la cantante? ¿Dónde está (11) _____ (perder) el tiempo?

GUILLE Está (12) _____ (comer).

MARTÍN ¿Otra vez? ¡No podemos seguir a este ritmo!

2 **¿Qué están haciendo?** Elige seis de las personas o grupos de personas de la lista y, para cada una, escribe una oración completa con **estar** + [*gerundio*] para explicar lo que están haciendo ahora mismo.

mi jefe/a	mi novio/a
mi madre	mi profesor(a) de español
mi mejor amigo/a	mi vecino/a
nosotros	mi(s) compañero/a(s) de cuarto

1. _____

2. _____

3. _____

4. _____

5. _____

6. _____

Workbook

3   Muchas preguntas Completa esta conversación entre dos amigas. Usa el presente progresivo de los verbos entre paréntesis.

SARA   ¿A quién _____estás llamando por teléfono_____ (llamar por teléfono)?

ANA   A nadie. ¡Sólo tengo mi celular para llamarte a ti!

SARA   ¿En qué (1) _____ (pensar)?

ANA   _____ en el fin de semana. Quiero ir a un concierto con unos amigos.

SARA   ¿Qué (2) _____ (leer)?

ANA   _____ una novela de Mario Benedetti.

SARA   ¿Qué (3) _____ (beber)?

ANA   _____ una soda.

SARA   ¿Qué (4) _____ (escribir)?

ANA   _____ unos apuntes para el ensayo de literatura.

SARA   ¿De qué te (5) _____ (reír)?

ANA   ¡Me _____ de tus preguntas!

4   Describir Usa los verbos de la lista para describir lo que están haciendo estas personas.

cerrar	comprar	hacer gimnasia
comer	dormir	mostrar

1. _____Las niñas están durmiendo._____

2. Tomás _____

3. Nosotros _____

4. Marcela _____

5. Julieta _____

6. Mi hermana _____

MANUAL DE GRAMÁTICA

1.4 Nouns and articles

1   **Cambiar** Escribe en plural las palabras que están en singular, y en singular las que están en plural.

1. los amigos belgas _____

2. el espacio común _____

3. la antigua ciudad _____

4. una estudiante inteligente _____

5. los profesores españoles _____

6. una pareja feliz _____

2   **Correo sentimental** Completa este anuncio con el artículo correspondiente. Si no es necesario usar un artículo, escribe X.

Tengo 23 años y soy estudiante. Soy (1) _____ chico tranquilo y trabajador.
Me gusta (2) _____ naturaleza y no tengo (3) _____ problemas con
mis vecinos. Me gusta ir al cine y no me gusta (4) _____ fútbol. Tengo buen humor
por (5) _____ mañanas y mejor humor por (6) _____ tardes. Vivo en
(7) _____ apartamento en (8) _____ quinto piso de (9) _____
edificio muy moderno en Miami. Sólo tengo (10) _____ pequeño problema: mi perro.
Algunos dicen que tiene mal (11) _____ carácter. Yo creo que es (12) _____
buen animal, pero se siente solo, como su dueño.

3   **Exageraciones** Lee estas afirmaciones exageradas y responde siguiendo el modelo.

> **modelo**
>
> Éstos son los mejores carros del planeta.
> *Éstos son unos de los mejores carros del planeta.*

1. Ésta es la mejor película de la historia.

   _____

2. Éste es el libro más interesante de todos los tiempos.

   _____

3. Ellas son las mejores cantantes del año.

   _____

4. Éste es el lápiz más largo del mundo.

   _____

5. Éste es el lunes más frío del año.

   _____

6. Ella es la mujer más bella de la ciudad.

   _____

Workbook

1.5 Adjectives

1 **¿Un gran ejercicio o un ejercicio grande?** Indica el significado apropiado de estas oraciones.

1. Carlos es un pobre hombre.

_____ a. Carlos es un hombre que gana poco dinero.

_____ b. Carlos es un hombre que da lástima.

2. Es un viejo amigo.

_____ a. Él y yo somos amigos desde hace muchos años.

_____ b. Él es mi amigo y tiene 95 años.

3. Se muda a su antiguo edificio.

_____ a. Se muda a un edificio viejo.

_____ b. Se muda al edificio donde vivía antes.

4. Es un país pobre.

_____ a. Es un país con una economía débil.

_____ b. Es un país que no es respetado por otros países.

5. Mi hija vive en una ciudad grande.

_____ a. Mi hija vive en una ciudad estupenda.

_____ b. Mi hija vive en una ciudad de gran tamaño.

6. Tu madre es una gran persona.

_____ a. Tu madre es una persona gorda y alta.

_____ b. Tu madre es una persona muy buena.

2 **Tu opinión** Completa cada oración con las dos cualidades que tú prefieras en cada caso. Usa la forma correcta de los adjetivos de la lista.

autoritario	falso	organizado	simpático
bueno	feliz	romántico	tacaño
cariñoso	gracioso	sensato	tradicional
divertido	(in)maduro	sensible	tranquilo

1. Mis profesores son _____ y _____.

2. Mi mejor amigo es _____ y _____.

3. No me llevo bien con las personas que son _____ y _____.

4. Mi pareja ideal es _____ y _____.

5. Mis padres son _____ y _____.

6. Mi cantante favorito es _____ y _____.

7. Mis amigas son _____ y _____.

8. Mis vecinos ideales son _____ y _____.

ATANDO CABOS

Lectura

1   **Antes de leer** ¿Cuáles son las ciudades más grandes de tu país? Ordénalas según el tamaño (*size*). ¿Tienen algo en común?

_____

_____

_____

MÉXICO D.F., UNA MEGAMETRÓPOLI

La Ciudad de México (México D.F.) es una verdadera megametrópoli. Hoy en día, es considerada la ciudad más grande de toda América Latina y una de las más grandes del mundo. Según algunas estadísticas, es también una de las más pobladas después de Tokio. México D.F. atrae a miles de inmigrantes y turistas por ser el centro cultural, político y económico del país.

El estadio Azteca en México D.F.

México D.F. fue construida sobre la antigua Tenochtitlán, capital del Imperio azteca, la cual fue fundada en 1325 sobre una isla. En 1521, los conquistadores españoles, al mando de Hernán Cortés, destruyeron esa majestuosa ciudad y fundaron lo que hoy es la moderna capital del país.

En el centro de la ciudad está la llamada Plaza de la Constitución, conocida popularmente como El Zócalo. Durante el período azteca, El Zócalo era el corazón de la ciudad, y hoy día aún sigue siéndolo. Alrededor de El Zócalo, se encuentran la Catedral Metropolitana y el Palacio Nacional, actual sede del gobierno mexicano. Es aquí donde tienen lugar las mayores celebraciones nacionales y los desfiles militares más importantes. El centro histórico de la ciudad, ubicado en los alrededores de El Zócalo, es un microcosmos de arte, monumentos, tiendas y magníficos restaurantes, bares y cantinas. Los aficionados al fútbol se congregan (*gather*) en el estadio Azteca. En este estadio se jugaron dos finales de la Copa Mundial de Fútbol: en 1970 y en 1986.

2   **Después de leer** Contesta estas preguntas con oraciones completas.

1. ¿Por qué se dice que México D.F. es una megametrópoli?

   _____

2. ¿Por qué México D.F. atrae a tantos inmigrantes y turistas?

   _____

3. ¿Sobre qué antigua ciudad fue construida la Ciudad de México?

   _____

4. ¿Qué lugar es considerado el corazón de la Ciudad de México?

   _____

5. ¿Cuál es la sede del gobierno mexicano en la actualidad?

   _____

6. ¿Qué se puede ver en el centro histórico de México D.F.?

   _____

Workbook

Composición

3 **Preparación** Imagina que tienes un(a) nuevo/a amigo/a que vive en la Ciudad de México. Describe tu personalidad y la personalidad de tu amigo/a.

Mi personalidad	La personalidad de mi amigo/a
_____	_____
_____	_____
_____	_____

Ahora, busca información en la lectura anterior, *México D.F., una megametrópoli*, en los apuntes culturales del libro de texto y en sitios web en Internet. Luego, escribe una lista de los lugares (*places*) que a ti y a tu amigo/a les gustaría visitar según la personalidad de cada uno.

Lugares que quiero visitar yo

_____

_____

_____

_____

Lugares que quiere visitar mi amigo/a

_____

_____

_____

_____

4 **¡Escríbelo!** Vas a viajar a México D.F. en una semana para visitar a tu amigo/a. Usa la información de la actividad anterior para escribir un programa de actividades con los lugares que van a visitar y las actividades que van a hacer allí durante una semana.

El lunes mi amigo/a y yo vamos a buscar un hotel *cerca de* El Zócalo y vamos a descansar. Mi amigo/a es

_____ y él/ella prefiere _____
    (adjetivo)

_____

_____

_____

_____

_____

_____

_____

_____

_____

Workbook

CONTEXTOS

Lección 2
Las diversiones

1 Palabras relacionadas Indica qué palabra no pertenece al grupo.

1. celebrar   brindar   festejar   aburrirse
2. equipo   torneo   discoteca   entrenador
3. cantante   árbitro   concierto   grupo musical
4. estreno   escenario   taquilla   boliche

2 La entrega de premios Completa la conversación con las palabras de la lista.

actores	asiento	conseguir	entradas	hacer cola
aplaudir	boletos	divertir	escenario	taquilla

ADRIANA Mira cuánta gente hay en la (1) _____.

NATALIA ¡Qué suerte! Nosotras no tenemos que (2) _____ . Ya tenemos las (3) _____.

ADRIANA Natalia, estamos muy cerca del (4) _____. ¿Cuál es tu (5) _____?

NATALIA Yo tengo el catorce.

ADRIANA Vamos a ver a todos los (6) _____. ¡Nos vamos a (7) _____!

NATALIA ¡Ay, sí! Me van a doler las manos de tanto (8) _____.

ADRIANA Gracias por (9) _____ los (10) _____.

3 Mis pasatiempos favoritos Empareja las palabras de las dos columnas. Después, escribe oraciones lógicas sobre tus pasatiempos favoritos. Usa al menos seis palabras de la lista.

_____ 1. cine	a. obra de teatro
_____ 2. ajedrez	b. empate
_____ 3. goles	c. juego de mesa
_____ 4. escenario	d. entrenador
_____ 5. equipo	e. álbum
_____ 6. conjunto musical	f. película

1. _____
2. _____
3. _____
4. _____
5. _____
6. _____

4 **¿Qué hacemos?** Escribe sugerencias sobre cómo divertirse en cada una de estas situaciones.

> **modelo**
> Es el mediodía. Juan terminó el examen y tiene la tarde libre.
> *Juan puede divertirse y disfrutar de la tarde sin estudiar.*

1. Es viernes por la noche. Tú y tus amigos no tienen mucha energía. _____
   _____

2. Es sábado por la mañana y es un día de sol. Marcos se pasó la semana estudiando. _____
   _____

3. Es sábado por la noche. ¡No tengo planes! _____
   _____

4. Es domingo por la tarde y llueve muchísimo. Mara y Laura querían salir a comer. _____
   _____

5 **Fin de semana de lluvia**

A. Haz una lista de tus actividades favoritas para el fin de semana en orden de preferencia.

1. _____ 4. _____ 7. _____
2. _____ 5. _____ 8. _____
3. _____ 6. _____ 9. _____

B. Según el pronóstico, este fin de semana va a llover. ¿Puedes hacer todas las actividades de la parte **A**?
¿Por qué? Escribe un párrafo sobre lo que haces y no haces en un fin de semana de lluvia.

En un fin de semana de lluvia, yo _____
_____
_____
_____
_____
_____
_____
_____
_____
_____
_____
_____
_____
_____

ESTRUCTURA

2.1 Object pronouns

1 **¿Para qué sirve?** Escribe al menos tres cosas que haces con cada uno de los objetos o situaciones. Usa pronombres de complemento directo.

1. una película: *la alquilo, la veo, la compro, la disfruto…* _____

2. un videojuego: _____

3. unas entradas: _____

4. los discos compactos: _____

5. el partido de fútbol: _____

2 **¿A qué se refieren?** Lee los textos escritos por periodistas e indica a qué o a quién(es) se refiere cada pronombre subrayado.

> **GOL** Durante el primer tiempo, el partido fue muy aburrido. Pero en el segundo tiempo,
> el San Martín <u>lo</u> animó y <u>le</u> ganó al Santiago 3 a 1. Dos fanáticos comentaron:
> ⁽¹⁾　　⁽²⁾
> "No <u>nos</u> llamó la atención. El San Martín siempre <u>nos</u> da el premio de la victoria."
> ⁽³⁾　　　　　　　　　　　　⁽⁴⁾

1. _____   3. _____

2. _____   4. _____

> **TELEVISIÓN** La cadena GBJ va a retransmitir esta noche el controvertido video
> musical del grupo Niquis. El director de la cadena, Alberto Anaya, <u>nos</u> envió un fax a los
> ⁽⁵⁾
> periodistas para informar<u>nos</u> de su decisión. El video muestra al cantante del grupo
> ⁽⁶⁾
> protestando contra la guerra. La Asociación de Televidentes acepta que <u>lo</u> muestren con
> ⁽⁷⁾
> una condición: que el Señor Anaya no <u>lo</u> transmita en horario infantil.
> ⁽⁸⁾

5. _____   7. _____

6. _____   8. _____

3 **En la radio** Completa la entrevista con los pronombres adecuados.

LOCUTOR Es un gusto para (1) _____ tenerte otra vez en mi programa. Se te ve muy contento.

DIRECTOR Sí, (2) _____ estoy. Este premio es muy importante para (3) _____.

LOCUTOR ¿A quién (4) _____ dedicas el premio?

DIRECTOR A mi esposa, claro. Ella (5) _____ apoya siempre. (6) _____ ayuda en los momentos
malos y (7) _____ acompaña siempre en mis viajes.

LOCUTOR ¿Cuáles son tus proyectos ahora?

DIRECTOR Siempre (8) _____ gusta tomarme un descanso después de cada película. A mi esposa y a
(9) _____ siempre (10) _____ gusta tomarnos unas vacaciones.

4 **Consejos** Completa las oraciones reemplazando las palabras subrayadas con los pronombres adecuados.

1. Saluda <u>a los espectadores</u>.

   Recuerda: *Debes saludarlos./Los debes saludar.*

2. No olvides <u>las cámaras</u>.

   Recuerda: _____

3. No muevas tanto <u>la boca</u> al hablar.

   Recuerda: _____

4. Evita <u>los gestos exagerados con la cara y las manos</u>.

   Recuerda: _____

5. Deja <u>las escenas de riesgo</u> para tu doble.

   Recuerda: _____

6. Escucha <u>al director</u>.

   Recuerda: _____

7. Estudia bien <u>el guión de tu personaje</u>.

   Recuerda: _____

8. Trata <u>a los otros actores</u> bien.

   Recuerda: _____

5 **Entrevista** Completa la entrevista que un periodista le hace a un actor famoso. El actor contradice todo lo que dice el periodista. Usa los pronombres adecuados en las respuestas del actor.

> **modelo**
>
> **PERIODISTA** Mi colega dijo que el público odia tu nueva película.
> **ACTOR** *No, no la odia.*

1. **PERIODISTA** Un colega periodista los vio a ti y a tu amiga, Laura Luna, cenando en un restaurante. ¿Es verdad? ¿Los vio?

   ACTOR _____

2. **PERIODISTA** También me contó que te pidió un autógrafo.

   ACTOR _____

3. **PERIODISTA** Él me dijo que… no pagaste la cena de tu amiga.

   ACTOR _____

4. **PERIODISTA** Y también me dijo que no les diste propina (*tip*) a los camareros.

   ACTOR _____

5. **PERIODISTA** Él me dijo que le diste un beso a tu amiga.

   ACTOR _____

6 **Conciertos** Imagina que eres el/la nuevo/a secretario/a de cultura de tu ciudad. Contesta las preguntas de un periodista sobre eventos musicales en tu ciudad. Usa pronombres de complemento directo. Palabras útiles: **la taquilla, el público, el representante artístico, el organizador de la feria**.

1. ¿Quién elige a los grupos musicales? _____

2. ¿Quién contrata a los artistas? _____

3. ¿Quién negocia el contrato de los músicos? _____

4. ¿Dónde puedo comprar las entradas para un concierto? _____

2.2 *Gustar* and similar verbs

1 **¡Opiniones diferentes!** Completa la conversación entre Pablo y Raquel con la forma correcta de los verbos de la lista y los pronombres adecuados. En algunos casos, más de una respuesta es posible. No repitas los verbos.

aburrir	doler	fascinar	interesar
disgustar	encantar	gustar	molestar

PABLO ¡Cómo me estoy divirtiendo! (1) _____ este grupo musical.

RAQUEL Pues a mí (2) _____ y (3) _____ la música tan alta (*loud*), además (4) _____ la cabeza.

PABLO A ti siempre (5) _____ todo lo que a mí

(6) _____.

RAQUEL La próxima vez vamos a ver una película; yo sé que (7) _____ el cine. Podemos invitar a Andrés.

PABLO Sí, a Andrés y a mí (8) _____ todas las películas, especialmente los grandes estrenos.

2 **De turismo** Un periodista entrevista a un grupo de turistas que están visitando la Ciudad de México. Escribe las preguntas del periodista.

1. (aburrir / la ciudad / a ti) ¿_____?
2. (gustar / los edificios / a ti) ¿_____?
3. (caer bien / la gente / a ustedes) ¿_____?
4. (preocupar / la calidad de los restaurantes / a usted) ¿_____?
5. (interesar / el arte / a ustedes) ¿_____?
6. (faltar / lugares de entretenimiento / a la ciudad) ¿_____?

3 **Opiniones** Completa las respuestas de algunos turistas a las preguntas de la actividad anterior.

1. Raúl: "¡No! ¡Al contrario! Es grande y divertida. La ciudad no _____*me aburre*_____ (aburrir) ni un poquito."
2. Eugenia: "Son hermosos. El estilo modernista _____ (gustar) especialmente."
3. Esteban y Mariela: "La gente _____ (caer) muy bien. Nos tratan maravillosamente en todos lados. La gente aquí es muy cálida."
4. Pepe: "Sí, la calidad de los restaurantes _____ (preocupar) un poco, porque quiero comer bien. Aunque hasta ahora, son excelentes."
5. Mariano y Lisa: "Sí, el arte _____ (interesar) mucho. Vamos a visitar todos los museos."
6. Roberto: "Sitios de entretenimiento es lo que menos _____ (faltar) a la ciudad."

4 **Preferencias** Escribe oraciones lógicas usando en cada una un elemento de cada columna.

mis amigos	fascinar	jugar al fútbol
yo	molestar	hacer cola
tu entrenador	aburrir	ganar partidos
los espectadores	gustar	los conciertos
los jugadores	encantar	vender discos
el cantante	importar	el ajedrez
los músicos	disgustar	los pasatiempos
el árbitro	preocupar	perder
el equipo	interesar	ganar
los deportistas	faltar	los espectáculos

1. A mis amigos les molesta hacer cola.
2. _____
3. _____
4. _____
5. _____
6. _____
7. _____
8. _____
9. _____
10. _____

5 **Tus gustos** ¿Qué pasatiempos y actividades te gustan? ¿Por qué? Escribe un párrafo de por lo menos seis oraciones expresando tu opinión. Usa **gustar** y otros verbos similares, y el vocabulario de la lección.

_____
_____
_____
_____
_____
_____
_____
_____
_____
_____

2.3 Reflexive verbs

1 **La rutina de Carolina** Ordena las oraciones de una manera lógica.

_____ a. Después del desayuno, **se lava** los dientes y **se peina**.

_____ b. Sin embargo, nunca **se levanta** hasta las 7:30.

_____ c. Por último, **se pone** la chaqueta y sale para la oficina.

_____ d. Después de **ducharse, se viste**.

_____ e. Carolina **se despierta** a las 7:00 de la mañana cuando suena su despertador.

_____ f. Después de **vestirse**, desayuna.

_____ g. Lo primero que hace después de **levantarse** es **ducharse**.

_____ h. Carolina **se maquilla** después de **peinarse**.

2 **Un día importante** Completa los planes de Raquel con los verbos de la lista. Usa el presente o el infinitivo, según corresponda.

ducharse	levantarse	ponerse	relajarse
enterarse	maquillarse	preocuparse	vestirse

¡A ver, chicas! Éstos son los planes para mañana. Presten atención porque no quiero

(1) _____ mañana. Quiero estar preparada tres horas antes de la

ceremonia. Éste es el plan: todas (2) _____ temprano, a las siete de

la mañana. Yo necesito unos veinte minutos para (3) _____. Luego,

(4) _____ un rato mientras espero a la peluquera (*hairdresser*).

Después, (5) _____; el vestido es tan bonito… ¡Qué nervios! Luego

(6) _____ yo sola porque no me gusta que nadie me toque la cara.

Seguramente Juan también va a (7) _____ muy nervioso, como yo.

Pero seguro que los invitados no van a (8) _____ de lo nerviosos que

estamos.

3 **¿Voy o me voy?** Completa las oraciones con la forma adecuada del verbo que está entre paréntesis.

1. Ana y Juan ____acuerdan____ (acordar) no pelear más.

2. Ana y Juan ____se acuerdan____ (acordar) de su primera cita.

3. Carmen y yo _____ (ir) temprano de la fiesta.

4. Carmen y yo _____ (ir) a la fiesta muy mal vestidos.

5. Martín y Silvia _____ (llevar) muy bien.

6. Martín y Silvia _____ (llevar) a los niños a un picnic.

7. Sebastián _____ (poner) la camisa sobre la cama.

8. Sebastián _____ (poner) la camisa roja.

9. Yo _____ (reunir) el material que necesito para terminar
   el proyecto.

10. Yo _____ (reunir) con mis amigos para terminar el proyecto.

Workbook

4 **¡Sí!** Completa la conversación con algunos verbos de la lista.

acostarse	cepillarse	ducharse	peinarse	quitarse
bañarse	despertarse	lavarse	ponerse	secarse

MADRE ¿Pueden (1) _____ la cara? Es muy feo estar con la cara sucia.

LOS NIÑOS Sí, mamá, (2) _____ la cara.

MADRE También tienen que (3) _____. Es muy feo salir despeinados.

LOS NIÑOS Sí, mamá, ya (4) _____.

MADRE Y (5) _____ los dientes. Es importante hacerlo después de cada comida.

LOS NIÑOS Sí, mamá, ahora mismo (6) _____ los dientes.

MADRE Felipe, ¿puedes (7) _____ el pantalón marrón? Es el mejor que tienes.

FELIPE Sí, mamá, ya (8) _____ el pantalón marrón.

MADRE Felisa, ¡(9) _____ los zapatos viejos! No quiero que salgas con zapatos tan gastados.

FELISA Sí, mamá, ahora mismito (10) _____ los zapatos viejos.

MADRE Bien. Entonces ya podemos ir al zoológico.

5 **Un asistente con paciencia** Completa las preguntas que le hace Miguel al director. Usa las preposiciones **de, en** o **a**.

1. ¿Se acordó _____ hablar con el conjunto *Los maniáticos*?

2. ¿Se dio cuenta _____ que las invitaciones no están bien?

3. ¿Se acordó _____ que el líder del grupo se quejó _____ la decoración?

4. ¿Se dio cuenta _____ que los músicos se fijaron _____ la suciedad del escenario?

5. ¿Se enteró _____ que el chef está enfermo?

6. ¿Se acordó _____ que la banda quiere pizza y gaseosa (*soda*)?

7. ¿Se sorprendió _____ que los fans del grupo no quieran venir al concierto?

8. ¿Se acercó _____ la oficina del representante para ver si ya estaba todo arreglado?

6 **Dos rutinas** Escribe un párrafo para comparar tu rutina diaria con la de un pariente que sea muy diferente a ti (diferente estilo de vida, generación, carácter). Usa estos verbos y, por lo menos, dos más que no estén en la lista.

acostarse	cepillarse	maquillarse
afeitarse	ducharse	vestirse

_____

_____

_____

_____

_____

_____

Workbook

MANUAL DE GRAMÁTICA

2.4 Demonstrative adjectives and pronouns

1   **Completar** Completa la conversación entre Paulina y César con las palabras de la lista.

esa	esto	ésta	eso	esos	ésta	esto

PAULINA ¿Qué es (1) _____ que tienes en la mano?

CÉSAR (2) _____ es una entrada para ver a tu grupo de rock favorito.

PAULINA (3) _____ entrada no puede ser para el concierto de Jaguares.

(4) _____ boletos ya están vendidos (*sold out*) hace meses.

CÉSAR Quizá no te lo creas, pero (5) _____ es tu entrada y

(6) _____ es la mía.

PAULINA ¡(7) _____ es lo mejor que me ha pasado en la vida, gracias!

2   **Oraciones** Escribe oraciones lógicas usando estos elementos.

1. aquélla/discoteca: *Aquélla es la discoteca donde va a actuar el grupo musical.*

2. este/disco compacto: _____

3. éste/cantante: _____

4. ese/grupo musical: _____

5. aquel/festival: _____

6. estas/espectadoras: _____

7. aquellas/entradas: _____

8. ésas/taquillas: _____

3   **Casas de famosos** Teresa es guía turística y hoy hace una excursión por las casas de los famosos en Hollywood. Escribe lo que ella les dice a los turistas durante el recorrido. Usa adjetivos y pronombres demostrativos.

> **modelo**
>
> En esa casa vive George Clooney. Aquélla es la mansión de...

_____

_____

_____

_____

_____

2.5 Possessive adjectives and pronouns

1 **Completar** Completa el párrafo con los posesivos apropiados.

Me llamo Andrés y vivo en el circo. (1) _____ (mi / tu / su) familia y yo

practicamos (2) _____ (vuestro / mis / nuestro) espectáculo antes de cada función.

(3) _____ (nuestra / nuestro / nuestros) espectadores siempre hacen largas colas en

la taquilla para comprar (4) _____ (su / sus / vuestras) boletos. Si no sabes qué hacer con

(5) _____ (mi / tu / su) tiempo libre, debes venir a (6) _____ (nuestro /

vuestro / su) circo.

2 **El mío es mejor** Guillermo y Emilio son dos amigos muy competitivos. Completa su conversación con los posesivos de la lista.

el mío	mi	mis
el nuestro	mi	nuestro
el tuyo	mi	los míos

GUILLERMO (1) _____ equipo de fútbol es muy bueno.

EMILIO (2) _____ es mejor que (3) _____.

GUILLERMO (4) _____ jugadores siempre marcan goles.

EMILIO (5) _____ también y entretienen a los espectadores.

GUILLERMO El entrenador de (6) _____ equipo es muy profesional.

EMILIO Mi hermano y yo creemos que (7) _____ club deportivo es más popular.

GUILLERMO No es verdad. (8) _____ club deportivo tiene más miembros.

EMILIO Es mentira. (9) _____ siempre está presente en todos los torneos.

3 **¿De quién es?** Escribe preguntas y contéstalas usando el pronombre posesivo que corresponde a la(s) persona(s) indicada(s).

1. el ajedrez/Jaime _¿De quién es este ajedrez? Este ajedrez es suyo._ _____

2. el billar/Alejandra y Pamela _____

3. el disco compacto/yo _____

4. las cartas/tú _____

5. la televisión/Antonio _____

6. los videojuegos/nosotros _____

ATANDO CABOS

Lectura

1   **Antes de leer**   ¿Qué tipo de música te gusta escuchar?

_____

_____

_____

La música latina

En los últimos años, la música latina se ha convertido en un verdadero fenómeno de masas. Son muchos los artistas hispanos que han conseguido un extraordinario éxito en el mercado internacional: Shakira, Julieta Venegas, Juanes, Ricky Martin y el grupo Calle 13, entre otros.

¿Por qué la música latina le gusta tanto al público estadounidense? Lo que está claro es que lo latino está de moda. ¿Quieres saber algo más sobre algunos de estos artistas?

El célebre guitarrista mexicano Carlos Santana triunfó en el festival de Woodstock de 1969 con su estilo original, una fusión de rock y ritmos afrocubanos. Ha obtenido numerosos premios y, en 1998, recibió su estrella en el Camino de la Fama en Hollywood. Su álbum *Supernatural* recibió ocho premios Grammy en el año 2000. En 2002 y 2005 sacó dos nuevos

álbumes. En 2009, recibió un reconocimiento a su trayectoria en los Premios Billboard de la Música Latina.

El grupo mexicano Zoé es uno de los más reconocidos del rock latino. Cuenta con más de cinco discos y sus canciones han llegado a todos los continentes. Zoé ha recibido incontables premios. En 2011 la banda lanza el álbum *MTV Unplugged: Música de fondo*, el cual recibió disco de platino por sus numerosas ventas.

La colombiana Shakira saltó a la fama mundial con el disco *Pies descalzos*. A los 14 años grabó su primer álbum. A lo largo de su carrera, ha recibido galardones (*awards*) que incluyen varios premios Grammy, Billboard y MTV Latinoamérica. Su inconfundible voz y su vitalidad la han convertido en una estrella internacional.

2   **Después de leer**

A. ¿Cierto o falso? Indica si las siguientes oraciones son **ciertas** o **falsas** y corrige las falsas.

Cierto	Falso	
❏	❏	1. La música latina tiene éxito en los EE.UU. porque lo latino está de moda.
❏	❏	2. Carlos Santana es de Colombia.
❏	❏	3. El álbum *Supernatural* de Santana consiguió diez premios Grammy.
❏	❏	4. Shakira ha recibido premios Grammy, Billboard y MTV Latinoamérica.
❏	❏	5. El grupo Zoé es conocido sólo en México.

B. Responder Contesta estas preguntas con oraciones completas.

1. ¿Dónde triunfó Santana por primera vez en los EE.UU.?

_____

2. ¿Qué características han convertido a Shakira en una artista internacional?

_____

3. ¿Por qué el grupo Zoé recibió un disco de platino en el 2011?

_____

Composición

Workbook

3 **Preparación** El próximo fin de semana se va a celebrar en tu comunidad el Festival Cultural Mexicano. Imagina que tú tienes que escribir un artículo en el periódico para anunciar el festival. Escribe una lista de cinco artistas latinos —actores, directores de cine, cantantes, etc.— que van a estar presentes en el festival. Luego, piensa en los eventos y actividades culturales en los que cada uno de ellos va a participar. Puedes buscar información en la lectura *La música latina* y en las lecturas de tu libro de texto.

Los artistas	Los eventos y las actividades

4 **¡Escríbelo!** Escribe un artículo anunciando el Festival Cultural Mexicano.

- Describe el evento nombrando las celebridades que asistirán y concéntrate en uno o dos artistas.

- Incluye una cita (*quote*) de los artistas elegidos o una minientrevista para que tu artículo sea más interesante. ¡Sé creativo/a!

- Termina tu artículo dando información sobre la hora y el lugar, y dónde se consiguen las entradas. También incluye un número de teléfono y un sitio de Internet.

_____

_____

_____

_____

_____

_____

_____

_____

_____

_____

CONTEXTOS

Lección 3
La vida diaria

1 **Costumbres del mundo hispano** Elige la opción apropiada para completar cada oración.

1. Muchos dicen que llegar tarde es una costumbre del mundo hispano. A los millones de hispanos que llegan _____ a eventos y reuniones les molesta este estereotipo.

   a. a tiempo   b. a veces   c. a menudo

2. En Argentina, es costumbre cambiarse antes de salir con amigos, o ir a la iglesia, un restaurante o cualquier evento social. Algunas mujeres son muy coquetas y _____ se las ve desarregladas.

   a. de repente   b. casi nunca   c. a propósito

3. En España, es muy común que los amigos se visiten sin avisar (*without notice*). Al llegar a la casa, la persona solamente debe _____.

   a. quitar la puerta   b. tocar la bocina   c. tocar el timbre

4. En el Perú, la mayoría de las compras se hacen con _____ o tarjeta de crédito. En muy pocos casos se hacen compras a través de Internet.

   a. débito   b. dinero en efectivo   c. reembolso

5. En países como España, a veces es difícil _____ a la hora del almuerzo porque muchas tiendas y oficinas cierran por tres o cuatro horas.

   a. tocar el timbre   b. hablar por teléfono   c. hacer mandados

6. En algunos países de Latinoamérica puedes pagar las cuentas de gas y de teléfono en _____.

   a. el restaurante   b. el supermercado   c. el probador

2 **Palabras relacionadas** Empareja las palabras de la primera columna con las palabras relacionadas de la segunda columna. Luego, escribe cuatro oraciones usando al menos seis palabras de la lista.

_____ 1. quitar el polvo	a. tarjeta de crédito
_____ 2. ir de compras	b. centro comercial
_____ 3. probarse	c. barato
_____ 4. ganga	d. probador
_____ 5. devolver	e. muebles
_____ 6. dinero en efectivo	f. reembolso

1. _____

2. _____

3. _____

4. _____

3 **Tu vida diaria** Contesta las preguntas con oraciones completas.

1. ¿Vas de compras al centro comercial? ¿O prefieres ir a tiendas locales más pequeñas? ¿Por qué?

   _____

2. ¿Quién hace los quehaceres en tu casa? ¿Tú ayudas? ¿Con qué frecuencia?

   _____

3. Menciona tres cosas que haces por la mañana y tres cosas que haces por la tarde.

   _____

Lección 3 Workbook |

4 **De compras**

A. Lucía salió de compras con su hija. Ordena las oraciones de una manera lógica.

_____ a. Lucía decidió comprarle el vestido más bonito, que era también el más caro.

_____ b. Al salir del trabajo, recogió a su hija en la escuela y se fue con ella al centro comercial.

___1___ c. Hoy Lucía se levantó muy temprano.

_____ d. Cuando llegaron al centro comercial, Lucía y su hija se fueron directamente a la sección de vestidos.

_____ e. Finalmente, Lucía y su hija se fueron del centro comercial contentas de haber encontrado el vestido perfecto para la fiesta.

_____ f. Llegó al trabajo una hora y media antes de lo habitual.

_____ g. Su hija se probó allí varios vestidos para la fiesta de fin de año de la escuela.

_____ h. Lucía pagó con tarjeta de crédito en tres cuotas.

B. Imagina que eres la hija de Lucía. Escribe en tu diario cómo es habitualmente la experiencia de ir de compras con tu mamá.

a menudo	casi nunca	en el acto
a veces	de vez en cuando	por casualidad

Cuando voy de compras con mi mamá, casi nunca… _____

_____

_____

_____

_____

5 **¿Qué prefieres?** Escribe lo que vas a hacer este fin de semana usando por lo menos cinco palabras o frases de la lista.

ir de compras al centro comercial	hacer mandados
mirar televisión	arreglarse para salir
barrer	jugar videojuegos
cocinar	quitar el polvo

_____

_____

_____

_____

_____

_____

26 **Lección 3** Workbook

ESTRUCTURA

3.1 The preterite

1 **Ser o ir** Indica qué verbo se utiliza en cada oración.

	ser	ir
1. Ayer hizo mucho calor. <u>Fui</u> a la piscina para refrescarme y tomar sol.	❑	❑
2. La semana pasada me visitó Mario. Él <u>fue</u> mi primer novio.	❑	❑
3. El año pasado <u>fue</u> muy difícil para mí. Tuve que trabajar y estudiar al mismo tiempo.	❑	❑
4. Esta semana <u>fui</u> dos veces a visitar a mis abuelos en Sevilla, en el sur de España.	❑	❑
5. El cumpleaños de Hernán <u>fue</u> muy aburrido. Para empezar, había pocos invitados y, justo cuando queríamos bailar, ¡el reproductor de MP3 se rompió!	❑	❑

2 **Una fiesta en la oficina** Esther está organizando una fiesta. Completa sus preguntas usando la forma correcta del pretérito de los verbos entre paréntesis.

1. ¿ _____ (subir) ustedes las bebidas?

2. Marta, ¿y tú?, ¿ _____ (poner) la comida en el refrigerador?

3. Y tú, Eva, ¿ _____ (tener) tiempo para buscar los discos compactos?

4. Marta y Eva ¿les _____ (dar) la dirección a los invitados?

5. Marta, ¿ _____ (hacer) las compras en el supermercado?

6. Ustedes, ¿ _____ (empezar) a limpiar la oficina?

3 **¿Qué hicieron el fin de semana?** Juan, Marcos y Lucía son compañeros de trabajo. Los lunes por la mañana, se cuentan lo que hicieron el fin de semana. Escribe lo que dijo cada uno.

Juan...

1. traducir / artículo _____

2. leer / periódico _____

3. ir / supermercado _____

Marcos...

4. hacer / mandados _____

5. dormir / siesta _____

6. lavar / ropa _____

Lucía y su esposo...

7. escuchar / radio _____

8. ir / centro comercial _____

9. hacer / quehaceres _____

Workbook

4 **¿Qué pasó?** Marta no pudo ir a la fiesta de Esther. Completa la conversación telefónica con la forma correcta del pretérito de los verbos de la lista.

decir	llamar	perder	preguntar	tener
hacer	olvidar	poder	ser	venir

ESTHER Ayer tú no (1) _____ a la fiesta. Todos los invitados

(2) _____ por ti.

MARTA Uy, lo siento, pero mi día (3) _____ terrible. Por la mañana, yo

(4) _____ mi cartera con el documento de identidad y las tarjetas de

crédito. Y Javier y yo (5) _____ que ir a la comisaría (*police department*).

ESTHER ¿De verdad? Lo siento. ¿Por qué ustedes no me (6) _____ por teléfono?

MARTA Nosotros no (7) _____ llamar a nadie. Yo (8) _____ mi

teléfono celular en la casa.

ESTHER ¿Y qué te (9) _____ la policía?

MARTA Nada. Ellos me (10) _____ esperar horas allí y al final me dijeron que

tenía que volver al día siguiente...

5 **Cuéntalo** Imagina que eres Esther. Escríbele una carta a una amiga contándole por qué Marta no pudo ir a tu fiesta. Usa el pretérito.

La fiesta fue muy divertida, pero Marta no pudo venir...

_____

_____

_____

_____

_____

_____

6 **¿Qué te pasó?** Piensa en alguna historia divertida que te sucedió a ti y describe qué pasó, cuándo ocurrió, etc. Escribe por lo menos cinco oraciones. Usa por lo menos cuatro verbos de la lista en el pretérito.

comer	dormir	pedir	querer
conducir	hacer	poner	traer

_____

_____

_____

3.2 The imperfect

1 **Tomás de vacaciones** Completa las oraciones con la forma correcta del imperfecto de los verbos entre paréntesis.

Fui al Corte Inglés, un almacén (*department store*) que (1) _____ (quedar) un poco lejos de mi hotel. (2) _____ (haber) mucho tráfico y yo no (3) _____ (querer) tomar un taxi. Fui a la parada, pero el autobús no (4) _____ (venir), así que decidí caminar por La Castellana. Al llegar, vi a muchas personas que (5) _____ (estar) comprando ropa. (6) _____ (haber) muchísimas gangas. Todo el mundo me (7) _____ (saludar) muy amablemente. No (8) _____ (pensar) comprar nada, pero al final compré unos cuantos regalos. También (9) _____ (haber) restaurantes cerca del almacén. Los camareros (*waiters*) (10) _____ (ser) muy amables. Al final, fui a comer a un restaurante de tapas buenísimo.

2 **Recuerdos** Completa las oraciones con la forma correcta del imperfecto de los verbos entre paréntesis.

Cuando era niña, (1) _____ (vivir) con mis padres y mis hermanos. Yo soy la mayor. Mi madre empezó a trabajar cuando yo (2) _____ (tener) doce años, así que yo (3) _____ (cuidar) a mis hermanos menores. Todas las mañanas, los (4) _____ (despertar) y les (5) _____ (hacer) el desayuno. Después, mis hermanos y yo (6) _____ (ir) a la escuela. Cuando nosotros (7) _____ (volver) de la escuela, yo (8) _____ (hacer) la tarea.

Yo (9) _____ (saber) que no (10) _____ (poder) ir a la escuela que yo (11) _____ (querer) porque estaba muy lejos, y el autobús no pasaba por mi casa. Así que fui a la que (12) _____ (estar) cerca de casa y allí conocí a quienes hoy son mis mejores amigos.

3 **Diferencias culturales** Dos semanas después de su llegada a España, un estudiante llamó a su familia. Completa las oraciones según el modelo.

modelo

Yo pensaba que *en España hacía siempre calor,* pero hay días en que hace frío.

1. Yo creía que _____, pero muchos españoles hablan inglés.

2. Yo pensaba que _____, pero todavía hay oficinas y tiendas que cierran tres horas para el almuerzo y la siesta.

3. Antes creía que _____, pero, en verdad, en algunas regiones también se hablan otros idiomas.

4. Antes pensaba que _____, pero ahora adoro la comida española.

5. Creía que _____, pero es más grande que mi ciudad.

Workbook

4 **De niños** Usa los verbos entre paréntesis para completar las oraciones contando lo que hacían estas personas cuando eran pequeñas. Sigue el modelo.

> **modelo**
>
> Héctor es arquitecto. De niño (construir) *construía casas de barro (mud)*
> *en el patio de su casa.*

1. Marcela es maestra. De niña (enseñar) _____.

2. Gustavo es filósofo. De niño (preguntar) _____.

3. Daniel es contador (*accountant*). De niño le (gustar) _____.

4. Miguel es músico. De niño (cantar) _____.

5. Yo soy bailarina. De niña (bailar) _____.

6. Isabel y Teresa son escritoras. De niñas (leer) _____.

7. Pablo y yo somos policías. De niños (jugar) _____.

5 **Tu infancia** Contesta estas preguntas sobre tu infancia con oraciones completas.

1. ¿Con quién vivías cuando eras niño/a?

_____

2. ¿Cuántos/as amigos/as tenías?

_____

3. ¿Qué juegos preferías?

_____

4. ¿Qué libros te gustaba leer?

_____

5. ¿Qué programas veías en la televisión?

_____

6. ¿Cómo era tu personalidad?

_____

6 **Otras generaciones** Busca a una persona mayor que tú —puede ser tu madre, tu padre, tu abuelo/a o algún profesor— y hazle una entrevista sobre su infancia. Puedes usar como guía la actividad anterior. Escribe al menos cinco preguntas y las respuestas de la persona que entrevistaste.

_____

_____

_____

_____

_____

_____

_____

3.3 The preterite vs. the imperfect

1 **Todo en orden** Completa el texto con la forma apropiada del verbo entre paréntesis.

Después de pasar tres días en cama, Miguel (1) _____ (levantarse) para ir un rato a la oficina.
(2) _____ (querer) limpiar un poquito y prepararles el café a los muchachos, pero cuando
(3) _____ (llegar), (4) _____ (encontrarse) con una sorpresa. Andrea
(5) _____ (pasar) la aspiradora por las alfombras. Francisco le (6) _____ (quitar)
el polvo a los escritorios con un plumero. Daniel (7) _____ (limpiar) las computadoras.
Verónica (8) _____ (servir) el café. Nuria (9) _____ (hacer) la limpieza del baño.
Y Carlos (10) _____ (ocuparse) de su oficina. Todos (11) _____ (sorprenderse)
cuando (12) _____ (ver) a Miguel. Rápidamente lo (13) _____ (enviar) de nuevo a
la cama. En la oficina, todo (14) _____ (estar) en orden.

2 **Quehaceres cotidianos** Completa el párrafo con las palabras y expresiones de la lista.

| al final | después de (2) | luego | primero |
| antes | la última vez | mientras (2) | siempre |

El señor Gómez (1) _____ se levantaba a las seis de la mañana. Vivía cerca de la oficina,
pero le gustaba llegar temprano. (2) _____ de salir de su casa, tomaba un desayuno bien
completo: café con leche, tostadas, queso y fruta. Ya en la oficina, (3) _____ se reunía
con su secretaria para repasar (*go over*) la agenda del día. (4) _____ repasar la agenda,
se tomaba un café (5) _____ leía las noticias del día. (6) _____, el señor Gómez
recibía a los clientes que querían hablar con él. Su rutina cambió mucho (7) _____ jubilarse,
pero (8) _____ se acostumbró a la nueva vida. (9) _____ disfruta de su tiempo
libre, recuerda con cariño (10) _____ que fue a la oficina.

3 **Cambios** Imagina que tú vivías en el centro de la ciudad, pero el mes pasado te compraste una casa
en las afueras de la ciudad. Completa las oraciones con la forma correcta del pretérito o el imperfecto
de los verbos entre paréntesis.

1. Antes yo no _____ (conocer) a ninguno de mis vecinos (*neighbors*).
   Ayer _____ (conocer) a todos los vecinos de mi cuadra en una fiesta que organizó
   una vecina.

2. Antes, si mis amigos y yo _____ (querer) salir tarde por la noche, lo hacíamos sin
   preocuparnos por la seguridad.
   El otro día, mis amigos no _____ (querer) venir a verme porque tenían miedo de volver
   de noche a su casa.

3. Hace un mes, no _____ (poder) dormir porque mi calle era ruidosa.
   Ayer, finalmente _____ (poder) dormir como un bebé.

4. Hace un mes, no _____ (saber) que mi vida iba a ser tan diferente.
   Hace poco yo _____ (saber) que una amiga también se había ido de la ciudad.

4 **La vida diaria de alguien famoso** Imagina la vida de una persona famosa. Luego, completa estas oraciones con información sobre esta persona usando el pretérito o el imperfecto.

1. Anoche _____

2. Cuando era niño/a _____

3. Durante tres horas _____

4. Esta mañana _____

5. Siempre _____

6. La semana pasada _____

5 **¿Eres el/la mismo/a?** Escribe dos párrafos. En el primer párrafo describe cómo **eras** y lo que **hacías** cuando eras niño/a. En el segundo, describe los sucesos (*events*) más importantes que te ocurrieron el año pasado. Usa al menos seis verbos de la lista en pretérito o en imperfecto, según corresponda.

acostumbrarse	pasarlo bien
averiguar	probar
comprar	relajarse
dar un paseo	ser
decidir	soler
disfrutar	tener
estar	tomar
leer	vivir

Cuando era niño/a _____

_____

_____

_____

_____

El año pasado _____

_____

_____

_____

_____

Workbook

MANUAL DE GRAMÁTICA

3.4 Telling time

1 **La hora** Escribe la hora que marca cada reloj usando oraciones completas.

1.   2.   3.

1. _____

2. _____

3. _____

2 **Programación** Mira la programación televisiva y contesta estas preguntas.

CANAL 7					
6:00	**6:30**	**7:15**	**8:20**	**9:45**	**10:35**
Trucos para la escuela Cómo causar una buena impresión con poco esfuerzo.	**Naturaleza viva** Documentales.	**Mi familia latina** Divertida comedia sobre un joven estadounidense que va a México como estudiante de intercambio.	**Historias policiales** Ladrones, crímenes, accidentes.	**Buenas y curiosas** Noticiero alternativo que presenta noticias buenas y divertidas de todo el mundo.	**Dibujos animados clásicos** Conoce los dibujos animados que miraban tus padres.

1. ¿A qué hora empieza *Trucos para la escuela*? _____

2. ¿A qué hora termina el documental *Naturaleza viva*? _____

3. ¿Cuándo empieza la comedia *Mi familia latina*? _____

4. ¿A qué hora dan *Historias policiales*? _____

5. ¿A qué hora es el noticiero? _____

6. ¿Cuándo comienzan los *Dibujos animados clásicos*? _____

3 **Antes y ahora** Contesta estas preguntas sobre tus horarios cuando eras niño/a y ahora.

1. levantarse los domingos

   Cuando era niño/a _____ *me levantaba a las diez y media.* _____

   Ahora _____

2. acostarse durante la semana

   Cuando era niño/a _____

   Ahora _____

3. almorzar

   Cuando era niño/a _____

   Ahora _____

Workbook

ATANDO CABOS

Lectura

1 **Antes de leer** ¿Qué costumbres relacionadas con la comida son características de tu cultura?

_____

_____

_____

Los horarios de las comidas

Los horarios del almuerzo varían de país a país. En España, la gente come entre la 1 y las 3 de la tarde (y la palabra *almuerzo* se usa para referirse a un refrigerio que se come a las 11 o las 12). En Argentina, Chile y Colombia, por otro lado, se almuerza generalmente entre las 12 y las 2 de la tarde.

Por lo general, se puede decir que en el mundo hispano las familias se siguen reuniendo para el almuerzo, pues éste es un buen momento para socializar. En muchos países, por ejemplo, los miembros de las familias suelen vivir cerca y se reúnen los fines de semana para almorzar.

• Aunque la costumbre de dormir una breve siesta después del almuerzo se va perdiendo debido a los cambios en los horarios de trabajo, todavía se mantiene con vigor en muchos países, especialmente en pueblos y ciudades pequeñas.

• Un hábito muy común en México consiste en desayunar un café. Aproximadamente a las 11 de la mañana se come una buena ración de tacos. A esta comida se le llama *almuerzo*. La comida principal es entre las 2 y las 4 de la tarde.

• Así como en muchos lugares se consume pan con las comidas, en muchos países existen productos equivalentes. En Venezuela y Colombia, por ejemplo, es común acompañar las comidas con arepas, mientras que en México se acompaña la comida con las tortillas.

2 **Después de leer**

A. Completar Completa estas oraciones con la opción adecuada.

1. En Argentina normalmente se almuerza entre las _____.
   a. tres y las cinco   b. doce y las dos   c. once y las doce

2. El almuerzo en los países latinos es un buen momento para _____.
   a. dormir la siesta   b. socializar   c. trabajar

3. En muchos países hispanos se consumen _____.
   a. distintos tipos de pan   b. otros productos equivalentes al pan   c. tortillas

B. Responder Responde estas preguntas con oraciones completas.

1. ¿Se reúne tu familia tan frecuentemente para comer como en los países latinos?

_____

2. ¿Hay costumbres de los países latinos que te gustaría incluir en tu rutina?

_____

3. ¿Qué costumbres del mundo hispano no funcionarían en tu país?

_____

Composición

3

Preparación Imagina que estás en España y vas a pasar un semestre en la Universidad de Salamanca con un grupo de estudiantes de tu escuela. Llegaste hace una semana y vas a escribir una carta a tu familia describiendo tu rutina diaria y las actividades que hiciste durante esa primera semana en España.

Piensa en las diferencias de la vida diaria de un estudiante en España y de un estudiante en tu país. Luego, haz una lista de las costumbres de tu país y otra lista de las costumbres y formas de vida españolas. Piensa en los horarios de las comidas, las visitas a amigos, las compras, los lugares que frecuentaste, etc.

Las costumbres de mi país	Las costumbres de España

4

¡Escríbelo! Escribe una carta a tu familia contando tu experiencia en España.

- Describe cómo es un día típico en España. Incluye horarios y diferencias culturales.
- Explica las diferencias culturales entre tu país y España.
- Termina la carta con una expresión de despedida, una pregunta a la persona a quien le escribes y un saludo.

_____

_____

_____

_____

_____

_____

_____

_____

_____

_____

_____

_____

_____

_____

_____

_____

Workbook

Lección 3 Workbook

CONTEXTOS

1 **La intrusa** Elige la expresión o la palabra que no pertenece al grupo.

1. curarse   ponerse bien   recuperarse   empeorar

2. inflamado   mareado   resfriado   sano

3. la gripe   la vacuna   el virus   la enfermedad

4. la autoestima   el bienestar   la salud   la cirugía

5. el resfriado   el tratamiento   la gripe   la tos

6. el yeso   la aspirina   el jarabe   el calmante

7. contagiarse   enfermarse   empeorar   curativo

8. estar a dieta   toser   adelgazar   engordar

2 **¿Quién lo dice?** Lee los comentarios que una paciente escuchó mientras estaba en el hospital. Luego, indica quién dijo cada uno.

_____ 1. ¿Cuándo me va a quitar el yeso, doctora?   a. un niño que acaba de desmayarse

_____ 2. Con este jarabe para la tos, me voy a poner bien.   b. una enfermera

_____ 3. ¡Este dolor no se me va ni con aspirinas!   c. una niña que tose mucho

_____ 4. ¡La temperatura está muy alta!   d. un paciente con una pierna rota

_____ 5. Mamá, ¿dónde estoy? ¿Qué pasó?   e. una mujer con fiebre

_____ 6. Le voy a poner una vacuna.   f. un chico con dolor de cabeza

3 **Completa** Escribe la palabra que corresponde a cada definición.

1. sinónimo de ponerse bien: _____

2. persona que opera en un hospital: _____

3. lo contrario de adelgazar: _____

4. muy cansada: _____

5. se pone en un hueso roto: _____

6. pastilla para el dolor fuerte: _____

7. quedarse despierto hasta muy tarde en la noche: _____

8. medicina líquida: _____

4 **En el hospital** Escribe oraciones lógicas usando en cada una dos palabras de la lista que estén relacionadas. Sigue el modelo. Puedes repetir palabras.

cirujano	jarabe	sala de operaciones
consultorio	operación	tos
herida	receta	venda
inyección	resfriado	virus

1. El **cirujano** trabaja en **la sala de operaciones**. _____

2. _____

3. _____

4. _____

5. _____

6. _____

5 **Clasificar** Clasifica las palabras de la lista en la categoría apropiada. Luego, escribe oraciones lógicas usando en cada una por lo menos dos palabras de la lista.

desmayarse	el resfriado	permanecer en cama
el calmante	estar a dieta	toser
el cáncer	la aspirina	tener fiebre
el jarabe	la gripe	tomar pastillas

Medicamentos	Tratamientos	Enfermedades	Síntomas

1. _____

2. _____

3. _____

4. _____

ESTRUCTURA

4.1 The subjunctive in noun clauses

1 **Enfermo del corazón** Completa la conversación de Gustavo con su médico con la forma adecuada del subjuntivo.

MÉDICO Buenas tardes. ¿Cómo está usted?

GUSTAVO Buenas tardes, doctor. Es urgente que me (1) _____ (ayudar). Es posible que (2) _____ (estar) muy enfermo.

MÉDICO No creo que (3) _____ (ser) tan grave. ¿Qué le sucede?

GUSTAVO No puedo dormir. No puedo comer. No puedo estudiar. No puedo trabajar.

MÉDICO Es necesario que me (4) _____ (dar) más información. ¿Tiene fiebre, dolores físicos, tos? ¿Está resfriado? ¿Se ha desmayado?

GUSTAVO No, nada de eso, pero no quiero que mis amigos me (5) _____ (invitar) a salir; no me gusta que mi jefe me (6) _____ (dar) trabajo; me molesta que mis profesores me (7) _____ (pedir) tareas. Sólo quiero que Pilar (8) _____ (venir) a verme, que me (9) _____ (hablar), que me (10) _____ (mirar), que me...

MÉDICO ¡Interesante! ¿Y Pilar le habla, lo mira y quiere pasar tiempo con usted?

GUSTAVO No, ése es el problema.

MÉDICO Bueno, entonces le sugiero que (11) _____ (quedarse) tranquilo. Y le aconsejo que le (12) _____ (decir) a Pilar lo que usted siente. También le recomiendo que pida una cita con un psicólogo de la clínica.

2 **Consejos** Vuelve a leer la actividad anterior y luego completa estas oraciones usando el presente de subjuntivo.

1. Dudo que Gustavo _____

2. No creo que el doctor _____

3. Es probable que Gustavo _____

4. Ojalá que Pilar _____

5. Temo que Pilar _____

6. Es posible que Gustavo _____

7. Es necesario que Pilar _____

8. Deseo que Gustavo y Pilar _____

3 **¿Qué recomienda el doctor?** Completa las recomendaciones que el doctor Perales les da a sus pacientes con las palabras entre paréntesis. Usa la forma adecuada del verbo.

¿Qué le dijo el doctor...	Recomendaciones
1. al paciente que tiene un yeso en la pierna?	Insisto en que no (apoyar / la pierna) _____ durante 48 horas. No quiero que (romperse / el yeso) _____.
2. al paciente que tiene tos?	Debe dejar de fumar si desea que (mejorar / su salud) _____.
3. a la mujer que tiene el brazo lastimado?	Le recomiendo que (cambiar / la venda) _____ tres veces al día. Espero que no (inflamarse / la herida) _____.
4. a la niña que tiene tos?	Te sugiero que (tomar / este jarabe) _____ si quieres que (curarse / la tos) _____.
5. al paciente que está resfriado?	Es importante que (quedarse / en casa) _____. Tengo miedo que (contagiar / a otras personas) _____.
6. a la madre del niño con gripe?	Es necesario que (vacunar / a su hijo) _____.

4 **La paciente impaciente** Completa la conversación con el presente del indicativo o el presente del subjuntivo de los verbos entre paréntesis.

PACIENTE Buenos días, (1) _____ (desear) que el doctor González me (2) _____ (examinar).

RECEPCIONISTA Buenos días, señora. Lo siento, pero el doctor González no (3) _____ (atender) hoy. ¿La (4) _____ (poder) atender otro doctor?

PACIENTE (5) _____ (querer) que me (6) _____ (atender) el doctor González. No veré a otro doctor.

RECEPCIONISTA Y yo le (7) _____ (recomendar) que (8) _____ (ver) a otro doctor porque el doctor González no (9) _____ (venir) hoy.

PACIENTE (10) _____ (exigir) que le (11) _____ (decir) al doctor González que necesito verlo.

RECEPCIONISTA ¡El doctor González no (12) _____ (venir) hoy!

PACIENTE ¡Dudo que el doctor González no (13) _____ (venir) hoy! Creo que este consultorio (14) _____ (ser) bueno. ¡Pero no estoy segura de que los empleados (15) _____ (ser) competentes! ¡Quiero que (16) _____ (llamar) a su supervisor inmediatamente!

Workbook

4.2 Commands

1 **El doctor Arriola** El doctor Arriola les dice a sus pacientes lo que tienen que hacer. Escribe mandatos formales (**usted**) usando las notas del doctor.

José tiene gripe.

1. tomarse / temperatura _____

2. acostarse _____

3. prepararse / sopa de pollo _____

4. beber / té con miel _____

Ignacio tiene la garganta inflamada.

5. descansar _____

6. no hablar / mucho _____

7. tomar / las pastillas _____

8. consumir / líquidos en abundancia _____

2 **El asistente del doctor Arriola** Completa los consejos que el doctor Arriola le da a su asistente usando mandatos formales.

1. A los fumadores puedes decirles: "_____ No fumen _____".

   (no fumar)

2. A los pacientes con dolor de cabeza puedes decirles: "_____".

   (tomar / aspirinas)

3. A los pacientes con problemas de peso puedes decirles: "_____".

   (ir / al gimnasio)

4. A los deprimidos puedes decirles: "_____".

   (hacer / actividades para levantar el ánimo)

5. A los que tienen demasiado estrés puedes decirles: "_____".

   (descansar)

6. A los niños impacientes puedes decirles: "_____".

   (jugar / con estos juguetes)

Workbook

3 **Remedios caseros** Hay personas que creen que las enfermedades pueden curarse sin ir al médico. Lee estos textos sobre creencias populares y escribe una lista de consejos usando mandatos informales con los verbos subrayados.

A. "Los resfriados pueden curarse **respirando** el vapor de agua con sal. Los resfriados también pueden curarse **tomando** té con limón y miel. Cuando estamos resfriados, debemos **abrigarnos** bien."

1. _Respira el vapor de agua con sal._
2. _____
3. _____

B. "Cuando hay una herida, primero se **lava** con agua y jabón. Debe **ponerse** una venda tapando bien la herida. **No** hay que **tocarse** la herida porque se puede infectar."

4. _____
5. _____
6. _____

C. "La falta de sueño se debe a una preocupación. Por eso hay que **olvidarse** de las angustias. Una taza de leche caliente es un buen remedio. **Eliminar** el café por completo es una buena idea."

7. _____
8. _____

4 **Consejos sanos** Tus compañeros/as de apartamento y tú quieren mejorar su salud y mantenerse sanos/as. Escribe diez consejos o recomendaciones usando mandatos con **nosotros**. Puedes escribir consejos sobre temas como la comida, el cuidado de los dientes, la actividad física, las heridas, etc.

1. _Salgamos a caminar después de cenar._
2. _____
3. _____
4. _____
5. _____
6. _____
7. _____
8. _____
9. _____
10. _____

4.3 *Por* and *para*

1 **Por y para** Elige el significado correcto de cada oración.

1. Camino por el hospital. _____
   a. Camino por los pasillos del hospital. b. Camino en dirección al hospital.

2. Compré las medicinas por mi madre. _____
   a. Mi madre va a tomar las medicinas. b. Compré las medicinas porque mi madre no pudo comprarlas.

3. Para mí, lo que tienes es un resfriado. _____
   a. En mi opinión, tienes un resfriado. b. Al igual que yo, tienes un resfriado.

4. El doctor fue por unas pastillas para el paciente. _____
   a. El doctor fue a buscar unas pastillas para el paciente. b. El doctor le recetó unas pastillas al paciente.

2 **En el consultorio** Completa la conversación con **por** o **para**.

PACIENTE Doctor, tengo un malestar general: tengo mucha tos, tengo fiebre y (1) _____ colmo me siento agotado.

DOCTOR (2) _____ lo visto, tiene usted gripe. (3) ¿_____ cuánto tiempo ha tenido (*have had*) estos síntomas?

PACIENTE (4) _____ lo menos (5) _____ una semana.

DOCTOR Aquí tiene una receta. Éstas son unas pastillas (6) _____ la fiebre. Este jarabe es (7) _____ la tos. Tómelo (8) _____ la mañana y (9) _____ la noche.

PACIENTE Gracias, doctor. Voy inmediatamente a la farmacia (10) _____ mis medicinas.

3 **Síntomas y tratamientos** Escribe oraciones lógicas usando elementos de las tres columnas.

el calmante		adelgazar
el jarabe		dolor
estar a dieta	por	la salud
estar mareado	para	la tensión baja
tratamiento		la tos

1. _____
2. _____
3. _____
4. _____

Workbook

4 **Julieta recibe una carta de sus padres** Completa la carta con las expresiones que necesites de la lista.

por	por aquí	por mucho
para colmo	por casualidad	por primera vez
para que sepas	por eso	por si acaso
por allá	por más que	por supuesto

Querida Julieta:

(1) _____ está todo bien y esperamos que (2) _____ también

lo esté. (3) _____ lo pensemos y lo conversemos, tu padre y yo seguimos

descontentos con tu viaje. (4) _____ en nuestras vidas estamos muy preocupados

porque creemos que eres muy joven para estar sola tan lejos, y especialmente con tus problemas de

salud. (5) _____, ahora aparece ese muchachito en Madrid. ¿Acaso ese joven no

vive en Barcelona? ¿Qué hace ahora en Madrid? (6) _____ que confiamos en ti.

Pero, (7) _____, queremos que estés atenta. (8)_____, tu prima

Merceditas salía con un chico muy bueno y muy simpático, pero que resultó ser un ladrón muy

buscado por la policía. Ella cayó en una depresión. (9) _____, Julietita querida, te

pedimos que tengas mucho cuidado. ¡No seas tan confiada! Un beso de papá y mamá que te quieren

mucho y se preocupan (10) _____ tu bienestar.

5 **Completar** Completa las frases para formar oraciones lógicas.

1. Hice una llamada al consultorio por _____.

2. Hice una llamada al consultorio para _____.

3. Compré estas pastillas por _____.

4. Compré estas pastillas para _____.

5. Toma (tú) este jarabe por _____.

6. Toma (tú) este jarabe para _____.

7. El enfermero fue por _____.

8. El enfermero fue para _____.

MANUAL DE GRAMÁTICA

4.4 The subjunctive with impersonal expressions

1 **Vida sana** Elige el verbo adecuado para cada una de las recomendaciones.

1. Es mejor que _____ (prevengas/previenes) la gripe con una vacuna.

2. Es importante que _____ (tengas/tienes) una buena alimentación.

3. Es verdad que los doctores siempre _____ (tengan/tienen) razón.

4. Es evidente que este programa _____ (ayude/ayuda) a muchas personas.

5. Es necesario que _____ (descanses/descansas) para ponerte bien.

6. No es cierto que las medicinas lo _____ (curen/curan) todo.

2 **Una situación peligrosa** Se acerca una gran tormenta y un grupo de amigos está discutiendo qué hacer y cómo prepararse frente a esta situación. Usa el presente de indicativo o el presente de subjuntivo.

1. Es urgente que _____.

2. Es malo que _____.

3. Es mejor que _____.

4. No es verdad que _____.

5. Es necesario que _____.

6. Es seguro que _____.

3 **El spa ideal** Describe cómo es el spa ideal, según tu opinión. Usa las expresiones impersonales de la lista.

Es bueno	Es necesario
Es importante	Es seguro
Es mejor	No es verdad

_____
_____
_____
_____
_____
_____

Workbook

ATANDO CABOS

Lectura

1   **Antes de leer** ¿Te gusta el chocolate? ¿Qué tipo de chocolate prefieres? ¿Conoces su origen?

_____

_____

La historia del chocolate

¿Sabías que el cacao y el chocolate eran desconocidos en Europa hasta la llegada de los españoles a América?

Hoy, el chocolate es una de las delicias más apreciadas por adultos y niños de todo el mundo. El árbol del cacao, originario de las zonas tropicales de Hispanoamérica, se cultiva en México, Venezuela, Ecuador y Colombia.

Existen varias leyendas indígenas sobre el origen divino de este popular alimento. La más famosa cuenta que Quetzalcóatl, dios azteca del viento, le regaló semillas° del árbol del cacao a los hombres y, de esa forma, este arbusto° creció sobre la tierra. Debido a su origen divino, existía entre los aztecas la creencia de que su consumo daba poder y sabiduría°.

La historia del chocolate es muy curiosa. Durante su cuarto viaje, Cristóbal Colón se encontró en la costa de Yucatán con una embarcación° indígena que transportaba unas semillas que eran utilizadas como monedas. Estas semillas también eran el ingrediente principal de una misteriosa bebida sagrada, el "tchocolath". Años después, el conquistador Hernán Cortés fue el primero en probar la "bebida de los dioses" en la corte° azteca del emperador Moctezuma. La preparaban mezclando el cacao con maíz, vainilla, miel y canela°.

De vuelta a España, Cortés elogió las cualidades de la nueva bebida. Sin embargo, ésta no fue bien recibida por su sabor amargo°. Los primeros granos de cacao llegaron al Monasterio de Zaragoza en 1522, junto con la receta para preparar el chocolate. Sólo cuando se le añadió azúcar de caña empezó su rápida propagación dentro del continente europeo.

semillas *seeds* **arbusto** *bush* **sabiduría** *wisdom* **embarcación** *vessel* **corte** *court* **canela** *cinnamon* **amargo** *bitter*

2   **Después de leer** Responde estas preguntas con oraciones completas.

1. ¿Dónde se cultiva el árbol del cacao en Hispanoamérica?

_____

2. ¿Qué cuenta la leyenda indígena de Quetzalcóatl?

_____

3. ¿Para qué se utilizaron las semillas de cacao originalmente?

_____

4. ¿Qué ingredientes tenía la "bebida de los dioses"?

_____

5. En 1522, llegaron los primeros granos de cacao a España. ¿Adónde llegaron concretamente?

_____

6. ¿Por qué no fue bien recibida la bebida de cacao al principio?

_____

Composición

3 **Preparación** Imagina que un(a) amigo/a tuyo quiere ponerse en forma y ha decidido no comer más dulces. Ayuda a tu amigo/a a crear una dieta para mejorar su alimentación y dale consejos para tener una vida más sana.

Escribe una lista de los alimentos que debe y que no debe comer, y de las actividades que van a ayudarle a mejorar su salud.

Cosas que debe comer	Cosas que no debe comer	Cosas que debe hacer

4 **¡Escríbelo!** Escribe una dieta detallada para un día completo.

- Describe las comidas de un día, incluyendo desayuno, almuerzo y cena.

- Escribe también las actividades que tu amigo/a puede hacer para estar en forma e inclúyelas en su horario.

- Escribe otros consejos generales que debe seguir para llevar una vida más sana.

_____

_____

_____

_____

_____

_____

_____

_____

_____

_____

_____

_____

CONTEXTOS

Workbook

1

La intrusa Indica la palabra o expresión que no pertenece al grupo.

1. el accidente	el congestionamiento	el tránsito	la despedida
2. el auxiliar de vuelo	el guía turístico	el piloto	el agente de aduanas
3. el itinerario	el crucero	el buceo	la isla
4. la llegada	la salida	el destino	el viajero
5. la excursión	la aventura	la temporada alta	el ecoturismo
6. el alojamiento	el seguro	el albergue	la habitación
7. las olas	navegar	la recepción	el puerto
8. la brújula	el campamento	la excursión	el aviso
9. quedarse	alojarse	perder el vuelo	estar lleno
10. el pasaporte	las olas	el seguro	el pasaje

2

El aeropuerto internacional Lee las descripciones de situaciones que ocurren en un aeropuerto internacional e indica con el número apropiado qué comentario corresponde a cada una.

1. Un hombre con una maleta está tratando de comprar un pasaje, pero el empleado de la aerolínea le está explicando que ya no quedan más asientos disponibles.

2. Una pareja con maletas está en la puerta de embarque. El hombre le habla a la empleada.

3. Un joven llega al aeropuerto con una hora de retraso y el empleado le da la mala noticia.

4. El empleado de una aerolínea habla con un viajero que tiene el pasaporte vencido.

5. Dos azafatas esperan a los pasajeros en la zona de embarque.

6. Una empleada de la oficina de informes está hablando por un micrófono para avisar que el avión saldrá dos horas más tarde.

_____ a. "Tengo dos pasajes reservados para San José."

_____ b. "Para volar necesita tener el pasaporte vigente."

_____ c. "Lo siento señor, el vuelo está lleno."

_____ d. "El vuelo con destino a la ciudad de Panamá está retrasado."

_____ e. "¡Atención, señores! Los pasajeros del vuelo 508 con destino a La Paz ya pueden embarcar."

_____ f. "Me temo que ha perdido su vuelo."

3   Mi viaje Completa la conversación con palabras de la lista.

albergue	guía turístico	incluido	ruinas
excursión	habitación individual	isla	viajeros

MADRE   ¿Dónde te quedaste la primera noche?

ISABEL   En un (1) _____.

MADRE   ¿No estaba lleno?

ISABEL   No, yo había reservado una (2) _____ con desayuno
(3) _____.

MADRE   ¿Conociste a mucha gente?

ISABEL   Sí, conocí a otros (4) _____ de muchos países.

MADRE   ¿Conociste muchos lugares?

ISABEL   Nos reunimos con un (5) _____ e hicimos una
(6) _____ a una (7) _____ y también a unas
(8) _____.

MADRE   ¡Qué bueno! ¿No tuviste ningún problema?

ISABEL   Ahora que lo pienso, ¡me falta una maleta!

4   ¡Qué aventura! Amanda está en Costa Rica. Imagina el lugar y escribe un mensaje de correo electrónico que esta adolescente le escribió a su mejor amiga contándole las aventuras de su viaje. Usa al menos diez palabras de la lista.

albergue	cancelar	incluido	recorrer
bienvenida	frontera	peligroso	selva
brújula	guía turístico	quedarse	temporada alta

De: amandadeviaje@micorreo.com

Para: luisa@micorreo.com

Asunto: ¡Costa Rica!

Querida Luisa:

¿Cómo estás? Ay, yo estoy súper contenta aquí en...

_____

_____

_____

_____

_____

ESTRUCTURA

5.1 Comparatives and superlatives

1 **Comparaciones** Elige la opción que tenga el mismo significado que la oración original.

_____ 1. Tu pasaje costó 400 dólares y el mío sólo 250 dólares.

    a. Tu pasaje es tan caro como el mío.

    b. Tu pasaje es más caro que el mío.

_____ 2. ¡Tu vuelo llegó con cinco horas de retraso! El mío llegó a tiempo.

    a. Mi vuelo llegó retrasadísimo.

    b. Tu vuelo no fue tan puntual como el mío.

_____ 3. Me gusta esta aerolínea, pero la comida de Aerolíneas Argentinas es mucho más rica.

    a. El servicio de comida de Aerolíneas Argentinas es mejor que el servicio de comida de esta compañía aérea.

    b. El servicio de comida de esta aerolínea es tan bueno como el de Aerolíneas Argentinas.

_____ 4. En temporada alta los pasajeros pagan más por sus viajes.

    a. Viajar en temporada alta es tan caro como viajar en temporada baja.

    b. Viajar en temporada alta es más caro que viajar en temporada baja.

_____ 5. Esta auxiliar de vuelo (*flight attendant*) habla inglés y español. Aquélla sabe inglés, español e italiano.

    a. Esta auxiliar de vuelo habla tantos idiomas como aquella otra.

    b. Esta auxiliar de vuelo habla menos idiomas que aquella otra.

2 **Un viaje juntos** Elige la opción correcta para completar cada oración.

1. Éste es el mejor hotel (de / que) _____ todos los que he visto.

2. El alquiler del carro cuesta menos (de / que) _____ trescientos cincuenta dólares.

3. La excursión a las ruinas cuesta menos (de / que) _____ la excursión a la selva.

4. Este crucero es más barato (de / que) _____ el otro.

5. El vuelo dura más (de / que) _____ tres horas.

6. Es mejor viajar con menos (de / que) _____ tres maletas.

7. Podemos quedarnos más (de / que) _____ cinco días en la isla.

8. Este viaje es mucho mejor (de / que) _____ el que hicimos el año pasado.

3 **Un mensaje de Manuela** Lee el correo electrónico que Manuela les escribe a sus padres y complétalo con **más/menos** o **tan/tanto/a(s)**.

De:	manuela@micorreo.com
Para:	lamadre@micorreo.com
Asunto:	Llegué a Cartago.

Queridos padres:

Ya estoy en Cartago. Estoy alojada en el Hostal Internacional. Este albergue es (1) _____ elegante como el de San José, pero desgraciadamente yo estoy (2) _____ contenta aquí que allá. Aquí hay (3) _____ habitaciones como en el Hostal Central de San José, pero hay (4) _____ comodidades que allá. La habitación es (5) _____ grande como la de San José. Pero la cama es (6) _____ cómoda y el servicio de habitación es (7) _____ frecuente que en el Hostal Central. En San José, donde todo funciona bien, el ascensor es (8) _____ rápido y el salón es (9) _____ cómodo que aquí. El desayuno es (10) _____ rico como en San José, pero los meseros y los recepcionistas te ayudan y son (11) _____ amables allá. Mañana nos vamos. Ya les contaré cómo es el nuevo albergue.

Un beso grande,

Manuela

4 **Más, menos, tan...** Lee los grupos de oraciones. Después, escribe una oración comparativa o una oración superlativa para cada uno. Sigue el modelo.

> **modelo**
> El autobús cuesta dos pesos. El taxi cuesta diez pesos.
> *El autobús es más barato que el taxi. / El taxi es más caro que el autobús.*

1. El hotel de Lima es bueno. El hotel de Quito es muy bueno.

   _____

2. Sara lo pasó muy bien en Valparaíso. Susana lo pasó muy bien en Valparaíso.

   _____

3. La habitación 604 es grande. La habitación 608 es muy grande.

   _____

4. César sabe inglés, francés y alemán. Luis sabe francés, griego e italiano.

   _____

5. Francisco tiene dos maletas. Emilia tiene cuatro maletas.

   _____

6. Mi vuelo sale a las 2 del mediodía. Tu vuelo sale a las 5 del mediodía.

   _____

7. El auto es lento. El tren es rápido. El avión es muy rápido.

   _____

8. Un pasaje a Caracas cuesta mil pesos. Un pasaje a París cuesta dos mil quinientos pesos. ¡Un pasaje a El Cairo cuesta ocho mil pesos!

   _____

Workbook

5.2 Negative, affirmative, and indefinite clauses

1 **Los viajeros** Escribe la letra de la opción que tenga el mismo significado que la oración dada.

_____ 1. Ni me gustan los aviones ni los cruceros.
   a. No me gusta volar y tampoco me gustan los cruceros.
   b. No me gusta viajar en avión, pero me gustan los cruceros.

_____ 2. Raquel ha estado en Panamá y Daniel también.
   a. Ninguno de los dos ha visitado Panamá.
   b. Raquel y Daniel han visitado Panamá.

_____ 3. Generalmente, en mis viajes, o alquilo un carro o una motocicleta.
   a. Ni alquilo un carro ni una motocicleta en mis viajes.
   b. Generalmente, alquilo algún medio de transporte en mis viajes.

_____ 4. Cuando visito un lugar nuevo siempre hago amigos.
   a. Nunca conozco a nadie cuando viajo.
   b. Conozco a mucha gente en mis viajes.

2 **Aventuras y desventuras** Completa estas oraciones con la opción correcta.

1. Los turistas no están buscando _____ (alguna/ninguna) aventura.

2. Los turistas no conocen bien la isla y el guía _____ (tampoco/también).

3. El guía turístico _____ (ni/no) encontró el campamento _____ (ni/no) las ruinas.

4. _____ (Algunos/Ningún) turistas quieren regresar a la ciudad.

3 **Viajes** Completa esta conversación entre Juliana y Andrés con las palabras de la lista. Hay dos palabras que se repiten.

algo	jamás	ni siquiera
algún	nada	nunca
alguna	nadie	siempre
algunas	ni	tampoco

JULIANA Andrés, ¿has viajado (1) _____ vez a Centroamérica?

ANDRÉS No, (2) _____ , pero me gustaría ir (3) _____ día.
(4) _____ que hay (5) _____ conferencia, yo estoy ocupado
con el trabajo o tengo (6) _____ qué hacer.

JULIANA ¿De veras? ¿No has estado (7) _____ en Panamá (8) _____
en Costa Rica? Entonces, ¿(9) _____ fuiste a la conferencia de Managua el
año pasado?

ANDRÉS No, ya te dije que (10) _____ he viajado a Centroamérica. ¿Es que no me
escuchas?

JULIANA ¡Pobre Andrés! ¡No te imaginas lo que te pierdes! (11) _____ sabemos el
destino de este año, ¡y ya hay (12) _____ personas interesadas en ir en la
oficina! ¿Puedes creerlo?

ANDRÉS ¿En serio? No he oído (13) _____ . Pues, si yo no voy este año, no va
(14) _____ .

4   **El quejica**   Imagina que viajas en avión. Escribe las quejas y los comentarios de tu compañero de asiento, haciendo todos los cambios necesarios. Utiliza las expresiones **o... o...**, **ni... ni...** y **ni siquiera**. Sigue el modelo.

> **modelo**
>
> Denme un asiento de ventanilla. Si no me lo dan, me voy a quejar al piloto.
> *O me dan un asiento de ventanilla o me voy a quejar al piloto.*

1. No me trajeron café. No me trajeron té. No me trajeron agua.

    _____

2. No pude traer todas las maletas. No pude vestirme bien.

    _____

3. Quiero una almohada más firme. De lo contrario, quiero dos almohadas.

    _____

4. Hoy me siento enfermo. No puedo dormir. No puedo hablar. No puedo moverme.

    _____

5. No quiero escuchar música. No quiero ver tantas luces.

    _____

6. Me ofrecen agua. Me ofrecen café. Yo quiero jugos naturales.

    _____

5   **Preguntas**   Contesta estas preguntas personales con las expresiones de la lista.

alguien/algún	ni... ni...	nunca	siempre
nadie	ni siquiera	o... o...	también

1. ¿Qué te interesa más: un destino exótico o un viaje cultural?

    _____

2. ¿Compras *souvenirs* cuando visitas lugares turísticos?

    _____

3. ¿Visitarás España y Guatemala el próximo semestre?

    _____

4. ¿Te gustan las grandes ciudades o prefieres la vida en el campo?

    _____

5. ¿Qué ciudad te parece más tranquila: Nueva York o Los Ángeles?

    _____

6. ¿Hablas francés, alemán y ruso?

    _____

7. ¿Prefieres viajar en avión, en tren o en auto?

    _____

8. ¿Te interesa conocer a personas de otras culturas o prefieres relacionarte sólo con personas de tu propia cultura?

    _____

5.3 The subjunctive in adjective clauses

1 **En la agencia de viajes** Completa las oraciones con la opción adecuada.

1. Buscamos un viaje que _____ (tiene / tenga) aventuras.

2. Sabemos de unos destinos que _____ (son / sean) exóticos.

3. Preferimos un hotel que no _____ (es / sea) muy caro.

4. Nos recomendaron unos lugares que _____ (ofrecen / ofrezcan) ecoturismo.

5. ¿Nos conviene un paquete de vacaciones que _____ (incluye / incluya) seguro?

6. Mi amigo quiere visitar un lugar que _____ (es / sea) tranquilo y relajante.

7. Yo prefiero un lugar que _____ (tiene / tenga) muchas actividades que hacer.

8. Conozco un programa que _____ (ofrece / ofrezca) un poco de todo.

2 **Se busca** Completa este anuncio que apareció en un periódico de San Salvador. Usa la forma adecuada del subjuntivo o del indicativo de los verbos entre paréntesis, según corresponda.

> Se busca un guía turístico que (1) _____
> (hablar) inglés, que (2) _____ (conocer)
> bien el país y que (3) _____ (tener)
> experiencia en el campo del ecoturismo.
> Si tú (4) _____ (ser) una persona que
> (5) _____ (poseer) estas características
> y te (6) _____ (gustar) la aventura,
> ponte en contacto con nosotros.
> Ecotour
> Avenida Colón, 56
> San Salvador
> www.ecotour.com.sv

3 **Posible candidata** José leyó el anuncio de la agencia de viajes de la actividad anterior y pensó en su prima Natalia, que vive en San Salvador. Completa los comentarios que José hace sobre su prima con los verbos de la lista.

conocer	requerir
interesar	ser
querer	tener

Sé que mi prima está buscando un trabajo que no (1) _____ mucha experiencia, pero

que (2) _____ interesante y seguro. Creo que Natalia no (3) _____ muy

bien el mundo del ecoturismo, pero no hay nadie en nuestra familia que no (4) _____

ganas de aprender. ¡Espero que le (5) _____!

4   **De viaje** Forma oraciones combinando estos elementos. Usa el indicativo o el subjuntivo, según corresponda, y haz los cambios necesarios.

1. Yo / buscar / viaje / ser / económico

     _____

2. Los turistas / necesitar / hoteles / no estar llenos

     _____

3. La guía / conocer / lugares en la selva / no ser peligrosos

     _____

4. Nosotros / querer / vuelo / tener / seguro

     _____

5. El hotel / no tener / ninguna habitación / ser doble

     _____

6. El aventurero / conocer / lugares / ser peligrosos

     _____

5   **Tu viaje ideal** Completa estas oraciones describiendo cómo sería tu viaje ideal. Usa el subjuntivo.

1. Busco una agencia de viajes que _____.

2. Necesito un boleto de avión que _____.

3. Los turistas que _____ necesitan ponerse una vacuna.

4. Es importante que alguien _____

5. No quiero que nadie _____.

6. Los viajeros que _____ deben reservar por teléfono.

6   **Hotel completo** Acabas de llegar a Managua, la capital de Nicaragua, y descubres que el hotel que habías reservado está lleno. El recepcionista ofrece buscarte otro hotel. Escribe una conversación en la que le explicas qué tipo de alojamiento buscas. Usa al menos seis palabras de la lista.

buscar	hotel	preferir
conocer	necesitar	recepción
habitación individual	peligroso	servicio de habitación

_____

_____

_____

_____

_____

_____

_____

5.4 The present perfect and the past perfect

1 **Crucigrama** Completa el crucigrama con los participios de estos verbos.

Horizontales

3. reservar
4. volver
6. decidir
7. decir
8. morir

Verticales

1. romper
2. hacer
5. escribir

2 **Oraciones incompletas** Completa las oraciones con la forma correcta del pretérito perfecto o del pluscuamperfecto. Elige el verbo correcto que está entre paréntesis.

1. Antes de viajar, los turistas (han / habían) comprado un seguro de viaje (*travel insurance*).
2. Hoy nosotros (hemos / habíamos) ido a las ruinas de Chichén Itzá.
3. ¡Yo pensé que (has / habías) traído tu cámara!
4. Cuando Tomás llegó al aeropuerto, el avión aún no (ha / había) aterrizado.
5. ¡No puede ser! ¡(He / Había) perdido mi vuelo!
6. Manuela ya (ha / había) ido a Bolivia antes de ir a Ecuador.

3 **Preparación** Completa la conversación con la forma correcta del pretérito perfecto.

MIGUEL ¿Ya (1) _____ (comprar) tu pasaje?

ESTEBAN Sí, como estamos en temporada baja me (2) _____ (costar) mucho menos.

MIGUEL A mí también. ¿Y ya (3) _____ (hacer) tu maleta?

ESTEBAN Si, ya está lista. Pero tengo un problema: no (4) _____ (poder) encontrar mi pasaporte, no sé dónde lo guardé.

MIGUEL ¿Lo (5) _____ (buscar) bien? ¡Sin el pasaporte no podemos viajar!

ESTEBAN Lo sé. Pero (6) _____ (revisar) en todas partes y ¡no lo encuentro! Quizá lo (7) _____ (dejar) en otra maleta.

MIGUEL Apúrate, porque si lo (8) _____ (perder), aún tienes tiempo de sacar uno nuevo.

4

¿Qué han hecho? Combina estos elementos para formar oraciones completas. Usa el pretérito perfecto o el pluscuamperfecto y haz los cambios necesarios.

> **modelo**
>
> yo / recorrer / selva amazónica
> *Yo he recorrido la selva amazónica.*

1. nosotros / navegar / islas / crucero

   _____

2. ellos / practicar / buceo / Caribe

   _____

3. yo / ya / viajar / Colombia / hace un año

   _____

4. conductor / nunca antes / tener / accidente

   _____

5. el vuelo / ser / retrasado / dos horas

   _____

6. los turistas / alojarse / hotel / esta mañana

   _____

5

Problemas de viaje Reescribe estas oraciones usando el pluscuamperfecto. Sigue el modelo.

> **modelo**
>
> Yo empaqué mi maleta. Después se rompió.
> *Yo ya había empacado mi maleta cuando se rompió.*

1. Yo hice las reservaciones la semana pasada. Ayer me enfermé.

   _____

2. Primero, pagué los pasajes. Después, me ofrecieron un descuento.

   _____

3. Nos chocamos. Antes, me puse el cinturón de seguridad.

   _____

4. Nosotros llegamos a la isla a las 4:00. Empezó a llover a las 4:30.

   _____

5. Manuela se despertó tarde. Después, perdió su vuelo.

   _____

6

Viajes Imagina que has viajado mucho por el mundo. Escribe, en una hoja aparte, sobre el último viaje que has hecho y sobre otros que habías hecho antes. Usa el pretérito perfecto y el pluscuamperfecto. Puedes usar verbos de la lista u otros. ¡Sé creativo/a!

| conocer | ir | reservar | tomar fotos | viajar |
| disfrutar | regresar | sorprenderse | ver | visitar |

> **modelo**
>
> *Este año yo he viajado a España. ¡Me he divertido mucho!*
> *Antes de eso, había ido a México.*

MANUAL DE GRAMÁTICA

5.5 *Pero* and *sino*

1 ***Pero* o *sino*** Completa cada oración con la opción correcta.

> sino
> pero
> no sólo... sino que
> sino que
> pero tampoco

1. Yo no quiero viajar mañana, _____ el viernes.
2. Este vuelo no va a Managua, _____ a San Salvador.
3. La excursión es fascinante, _____ peligrosa.
4. Creo que _____ no estamos avanzando, _____ estamos perdidos.
5. No quiero ir al crucero, _____ prefiero recorrer la selva.
6. El campamento no es el sitio más seguro, _____ es peligroso.

2 **Completar** Completa estas oraciones con frases usando **pero** o **sino**.

1. Mis amigos no son salvadoreños, _____.
2. Tengo la impresión de que este hotel es malo, _____.
3. Mis padres querían que yo fuera a Nicaragua, _____.
4. El avión no llegó retrasado, _____.
5. No me lo pasé muy bien, _____.
6. La isla es pequeña, _____.

3 **Tu último viaje** Escribe una breve composición narrando tu último viaje. Incluye información sobre con quién viajaste, dónde fuiste, por cuántos días, qué hiciste y, finalmente, incluye una anécdota de algo que fue divertido, horrible o inesperado. Usa al menos cuatro expresiones de la lista.

> no sólo... sino que   pero   sino
> no sólo... sino también pero tampoco sino que

_____
_____
_____
_____
_____
_____
_____
_____

ATANDO CABOS

Lectura

1 **Antes de leer** ¿Qué te gusta hacer en las vacaciones? ¿Te gustan las vacaciones en las que puedes estar en contacto con la naturaleza? _____

_____

_____

Ecoturismo en el Amazonas

El río Amazonas, que nace en Perú, pasa por Colombia y Brasil, y desemboca° en el Atlántico, tiene 6.275 kilómetros de longitud. Este río encuentra a su paso casi seiscientas islas. En este territorio selvático, llamado Amazonia, viven muchas comunidades indígenas.

La selva virgen amazónica es un importante destino para los ecoturistas. El turismo ecológico permite conocer, aprender a respetar y, en consecuencia, proteger los recursos naturales de nuestro planeta. El contacto con las comunidades indígenas contribuye a su desarrollo° económico, sin violar su entorno° ni destruir su cultura tradicional.

Hay muchas empresas que organizan viajes de ecoturismo. Puedes hacer una excursión sencilla a uno de los extraordinarios parques nacionales, o pasear por la selva para observar las plantas medicinales y la fauna. Además, puedes pescar, participar en la preparación de alimentos, como el queso, descansar en los tranquilos cruceros, visitar alguna isla y bañarte en los ríos.

Pero si eres más aventurero y atrevido, puedes acampar en la selva virgen, aprender nociones de supervivencia° y practicar deportes extremos, como la escalada, el paracaidismo° y el *rafting*.

desemboca *flows into* **el desarrollo** *development* **el entorno** *environment*
la supervivencia *survival* **el paracaidismo** *parachuting*

2 **Después de leer** Contesta estas preguntas con oraciones completas.

1. ¿Dónde nace y dónde desemboca el río Amazonas?

_____

2. ¿Qué es la Amazonia?

_____

3. ¿Qué le permite el ecoturismo al turista?

_____

4. ¿Qué efecto tienen los programas de ecoturismo en los pueblos indígenas del Amazonas?

_____

5. ¿Pueden disfrutar del ecoturismo las personas que buscan unas vacaciones tranquilas? ¿Por qué?

_____

6. ¿Qué ofrece el turismo ecológico a los turistas más aventureros?

_____

Composición

3   **Preparación**   Imagina que trabajas para una empresa que ofrece programas de turismo ecológico en Centroamérica y debes preparar un paquete (*package*) de una semana para la nueva temporada de primavera.

Escribe una lista de los lugares que vas a incluir en tu itinerario. Luego, enumera distintas actividades ecológicas y recreativas que se pueden realizar en cada lugar. Piensa también en actividades alternativas para los que prefieren la tranquilidad, y en otros datos interesantes.

Lugares para visitar	Actividades para los aventureros	Alternativas para los que prefieren la tranquilidad	Datos interesantes

4   **¡Escríbelo!**   Escribe el texto para un folleto (*brochure*) informativo sobre el paquete. Incluye esta información:

- una frase o eslogan para atraer al lector
- una descripción del lugar o lugares que se van a visitar y las actividades que se ofrecen cada día
- actividades alternativas para los que prefieren la tranquilidad
- los medios de transporte y el alojamiento
- un dato interesante para atraer la atención de los clientes; puede ser información turística, histórica, una anécdota de algún viajero, etc.
- información de contacto: nombre de la agencia de viajes, tu nombre, número de teléfono y un sitio de Internet

_____

_____

_____

_____

_____

_____

_____

_____

_____

_____

_____

_____

_____

Workbook

Workbook

CONTEXTOS

1 **Artículo** Lee este artículo sobre la conservación de los recursos naturales y complétalo con las palabras de la lista. Hay una palabra que se repite.

bosque lluvioso	conservación	contribuir	desarrollo	reciclar
combustibles	contaminar	deforestación	paisajes	recursos naturales

Conservemos nuestros recursos

La comarca de Cibao, en la República Dominicana, quiere promover (*promote*) el
(1) _____ del turismo rural a través de una serie de programas de conservación
de los (2) _____ de la zona. Especialistas ambientales van a ofrecer talleres (*workshops*)
para aprender a (3) _____ la basura y así conservar sus bellos (4) _____ y
no (5) _____ el campo con desechos industriales (*industrial waste*). Al enseñar a proteger
los árboles y las plantas, este programa también va a (6) _____ a resolver los problemas
de (7) _____ del (8) _____. También se enseñará a no (9) _____ y
a usar (10) _____ que causan menos daño que la gasolina, como por ejemplo el gasoil y
el biodiesel. Este programa de (11) _____ de recursos va a mejorar la zona y a atraer más
turistas a las áreas rurales.

2 **Cierto o falso** Indica si estas afirmaciones sobre el artículo anterior son **ciertas** o **falsas**.

Cierto	Falso	
❑	❑	1. El programa de conservación sólo quiere atraer a turistas.
❑	❑	2. Este programa quiere conservar los paisajes.
❑	❑	3. El programa va a ayudar a proteger los bosques lluviosos.
❑	❑	4. Hay un programa para educar sobre productos dañinos.
❑	❑	5. Este programa ayuda a proteger a animales en peligro de extinción.
❑	❑	6. Se ofrece un programa especial sobre energías renovables.

3 **Palabras** Escribe la palabra de la lista que corresponde a cada una de estas descripciones o definiciones.

ave	cordillera	león	serpiente
cerdo	erosión	oveja	terremoto
conejo	incendio	rata	trueno

1. _____ → el rey de la selva

2. _____ → fenómeno natural por el que la tierra se mueve

3. _____ → un ejemplo es la cobra

4. _____ → un sinónimo de pájaro

5. _____ → el ruido en una tormenta

6. _____ → un grupo de montañas

4 **Definiciones** Escribe una descripción o definición de cada palabra.

1. costa → _____

2. bosque → _____

3. desierto → _____

4. mar → _____

5. relámpago → _____

6. paisaje → _____

5 **Campo o ciudad** ¿Prefieres vivir en el campo o en la ciudad? Escribe las ventajas y las desventajas de vivir en el lugar que tú elijas.

| al aire libre | entretenimientos | medio ambiente | promover |
| contaminación | explotar | paisaje | respirar |

Prefiero vivir en: _____

Ventajas	Desventajas

6 **Turismo rural** Imagina que decides ir a la zona de Cibao para hacer turismo rural. Escribe una postal a tu familia describiendo tus vacaciones, los lugares que has visitado y las actividades que has practicado. Usa al menos seis palabras de la lista.

a orillas de	conservar	medio ambiente
al aire libre	desaparecer	paisaje
bosque	extinguirse	salvaje

_____

_____

_____

_____

_____

_____

ESTRUCTURA

6.1 The future

1 **El futuro** Lee las predicciones de un futurólogo sobre el futuro de una isla caribeña y completa las oraciones con la forma adecuada del futuro de los verbos entre paréntesis.

El futuro no parece muy prometedor para nuestra isla. Un huracán (1) _____ (destruir) muchas partes de la isla y las casas de la costa (2) _____ (desaparecer). Otros desastres naturales (3) _____ (afectar) a la isla. Primero, (4) _____ (haber) una inundación que (5) _____ (arrasar - *to devastate*) la capital. Después, muchas personas (6) _____ (malgastar) el agua porque mucha gente piensa que el agua nunca se (7) _____ (terminar), y esto (8) _____ (provocar) la mayor sequía de la historia de la isla. (9) _____ (nosotros/perder) todos nuestros bosques tropicales porque no (10) _____ (llover). Éste (11) _____ (ser) el futuro aterrador (*terrifying*) de la isla.

2 **Predicciones** Completa esta entrevista con las respuestas que el futurólogo le da a una periodista. Usa oraciones completas y la forma adecuada del futuro de los verbos entre paréntesis.

PERIODISTA Muchas gracias por aceptar esta entrevista. Quiero hacerle unas preguntas. La primera: ¿Qué pasará con los animales de la isla?

FUTURÓLOGO _____ (extinguirse)

PERIODISTA ¿Cómo será el aire?

FUTURÓLOGO _____ (estar)

PERIODISTA ¿Qué harán las autoridades del gobierno?

FUTURÓLOGO _____ (no resolver)

PERIODISTA ¿Y qué pasará con los recursos naturales?

FUTURÓLOGO _____ (agotarse)

3 **Tus predicciones** Piensa en las condiciones medioambientales del lugar donde tú vives y escribe tus propias predicciones sobre estos temas. Usa la forma adecuada del futuro.

| árboles | calentamiento global | erosión |
| basura | capa de ozono | paisaje |

1. _____
2. _____
3. _____
4. _____
5. _____
6. _____

4 **Planes sobre el futuro** Indica qué tiempo se usa en cada una de estas oraciones y después cambia las oraciones que se refieren al futuro, siguiendo el modelo.

> **modelo**
>
> Dentro de dos años vamos a tener cuatro hijos.
> *Dentro de dos años **tendremos** cuatro hijos.*

Pasado	Presente	Futuro	
❑	❑	❑	1. Ahora vivo con mis padres en Santo Domingo.
❑	❑	❑	2. De niño, acampaba en los bosques de la región amazónica de Perú.
❑	❑	❑	3. Van a venir mis padres para conocerte.
❑	❑	❑	4. En nuestra boda, va a tocar una banda toda la noche.
❑	❑	❑	5. Encontré un apartamento precioso en la costa de Chile para vivir juntos cuando nos casemos.
❑	❑	❑	6. Nunca voy a dejar de quererte.
❑	❑	❑	7. Juntos vamos a ser muy felices.

_____

_____

_____

_____

5 **El futuro** Completa las oraciones con tu opinión sobre lo que pasará si no cuidamos el planeta.

1. Si no reducimos el consumo de energía, _____.

2. Si no conservamos el agua, _____.

3. Si no protegemos a los animales, _____.

4. Si deforestamos los bosques, _____.

5. Si agotamos los recursos naturales, _____.

6. Si cazamos indiscriminadamente, _____.

6 **¿Qué harías tú?** Elige una de estas situaciones y escribe al menos cuatro oraciones para explicar qué harías tú en ese caso. Usa el condicional.

1. Eres el/la dueño/a de una tienda naturalista y te enteras de que tus empleados piensan que tus productos son muy caros y que no ganan suficiente dinero.

2. Tu casa se ha inundado por completo porque dejaste el grifo abierto y después te fuiste todo el día a trabajar.

_____

_____

_____

_____

6.2 The subjunctive in adverbial clauses

1 **¿Cuál es?** Elige la conjunción adecuada para completar cada oración relacionada con la ecología.

1. _____ (Aunque/Para que) contaminemos menos, el calentamiento global continúa siendo un tema preocupante.

2. _____ (Tan pronto como/En caso de que) llueva, se reducirá el problema de la sequía.

3. Debemos cuidar los bosques _____ (en cuanto/para que) no se extingan los animales.

4. No se podrá cazar animales _____ (en caso de que/sin que) sean especies protegidas.

5. Empezaremos los programas de reciclaje _____ (en cuanto/aunque) terminen las inundaciones.

6. _____ (Con tal de que/Antes de que) nos demos cuenta, la capa de ozono desaparecerá.

2 **Preocupaciones ecológicas** Completa estas oraciones con el subjuntivo o el indicativo de los verbos entre paréntesis, según el contexto.

1. Tenemos que conservar agua aunque _____ (haber) suficiente agua ahora.

2. Cuando _____ (desaparecer) los bosques, se pierden muchas especies.

3. La gente se preocupará por el calentamiento de la tierra cuando _____ (ser) demasiado tarde.

4. Los carros seguirán contaminando hasta que _____ (encontrarse) mejores combustibles alternativos.

5. Las especies en peligro de extinción comienzan a recuperarse tan pronto como nosotros _____ (hacer) algo para protegerlas.

6. Los recursos naturales se agotarán a menos que todas las personas del planeta los _____ (conservar).

3 **Peligros y precauciones** Escribe oraciones lógicas con las conjunciones dadas y las palabras de la lista.

atrapar	extinguirse	paisaje
cazar	león	tierra
conejo	morder	venenoso

1. A menos que _____

   _____.

2. Con tal de que _____

   _____.

3. Antes de que _____

   _____.

4. En caso de que _____

   _____.

4 **Reunión** Completa esta conversación entre el alcalde (*mayor*) de Río Piedras, Puerto Rico, y el presidente de una organización ecologista.

con	con ustedes	con él
con nosotros	conmigo	con ellos

ALCALDE Debemos buscar una solución para terminar (1) _____ el problema de la caza. (2) _____ tanta caza, los animales del bosque van a desaparecer.

ECOLOGISTA Nosotros queremos hablar con los cazadores, pero ellos no quieren reunirse (3) _____.

ALCALDE (4) _____ esa actitud de no querer reunirse, es difícil que ellos colaboren (5) _____. Intentaré llegar a un acuerdo (6) _____. Seguro que ellos sí quieren hablar (7) _____. Llamaré a mi cuñado, él es cazador y (8) _____ se puede hablar (9) _____ más confianza.

ECOLOGISTA Gracias, señor Alcalde. Cuente (10) _____ para lo que necesite.

5 **Conversación** Escribe la conversación que el alcalde de Río Piedras tuvo con su cuñado el cazador. Usa al menos seis expresiones de la lista.

a los animales	a nadie	con cuidado	con nosotros
a los cazadores	con	con ellos	hacia el bosque

_____

_____

_____

_____

_____

_____

_____

_____

_____

_____

_____

_____

6.3 The past subjunctive

1

Consejos para conservar el medio ambiente Completa la carta de Teresa con el imperfecto del subjuntivo de los verbos entre paréntesis.

Querida Carla:

Me pediste que te (1) _____ (dar) consejos para conservar el medio ambiente. Ya te dije que (2) _____ (reciclar) el papel y los envases todos los días y que no (3) _____ (malgastar) agua. Yo no creía que (4) _____ (ser) tan importante al principio, pero sí que lo es. También te aconsejaría que (5) _____ (ahorrar) en combustible y que (6) _____ (caminar) más a menudo. En la conferencia a la que fui el año pasado, me dijeron que (7) _____ (leer) sobre la capa de ozono para que (8) _____ (saber) qué hacer para no dañarla. Bueno, hay miles de cosas que puedes hacer... Si tienes más preguntas, ya sabes dónde estoy.

Besos,

Teresa

2

En la montaña Contesta las preguntas usando la información entre paréntesis.

1. ¿Qué te pidió el guía? (reunirme con él)
   El guía me pidió que me **reuniera** con él.

2. ¿Qué quería tu amiga? (Carlos y tú / hacer una foto del paisaje)
   _____

3. ¿Qué sugirió Cristian? (escalar la montaña más alta)
   _____

4. ¿Qué esperabas tú? (poder disfrutar del aire libre)
   _____

5. ¿Qué te sorprendió más? (nadie / querer ir / al mar)
   _____

3

¿Qué piensas tú? ¿Qué consejos le darías tú a una amiga tuya que quiere trabajar en el zoo? Escribe oraciones completas combinando elementos de las dos columnas. Usa el condicional y el imperfecto del subjuntivo.

aconsejar	conservar
decir	contribuir
pedir	mostrar interés
recomendar	respetar a los animales
sugerir	proteger

1. Le aconsejaría que conservara siempre los recursos naturales.

2. _____

3. _____

4. _____

5. _____

Workbook

4 **¡Trabajo conseguido!** Carla encontró un buen trabajo de bióloga. Imagina qué pasó en su primer día de trabajo y escribe oraciones completas combinando los elementos de las cuatro columnas. Usa el pretérito y el imperfecto del subjuntivo.

veterinario	decir	ayudar a conservar	contrato
dueño del laboratorio	ordenar	contribuir	los animales
empleados	pedir	hablar	su primer día
jefe	querer	reunirse	la contaminación
amigos	recomendar	celebrar	el medio ambiente
físico	sugerir	evitar	nuevas tecnologías

1. El jefe me pidió que habláramos del contrato. _____

2. _____

3. _____

4. _____

5. _____

6. _____

5 **Primer día de trabajo** Tu amiga te escribe un mensaje de correo electrónico contándote sobre sus funciones como bióloga. Usa el imperfecto del subjuntivo de al menos cinco verbos diferentes.

dañino/a	el bosque
desaparecer	el calentamiento global
reciclar	el incendio

¡Hola! Te quiero contar todo sobre mi nuevo trabajo. Mi jefe me pidió que me reuniera...

_____

_____

_____

_____

_____

_____

_____

_____

_____

_____

6.4 *Si* clauses with simple tenses

1 **Situaciones** Completa estas oraciones sobre situaciones hipotéticas con el verbo adecuado.

1. Si no (reciclas / reciclarás), más árboles (morirán / mueren).

2. Si (usamos / usaríamos) el transporte público, (consumiéramos / consumimos) menos combustible.

3. Si (protejamos / protegemos) el planeta, todos (tenemos / tendremos) una vida mejor.

4. El aire (estará / estuviera) más limpio si (usaremos / usamos) menos nuestros carros.

5. Si (cuidemos / cuidáramos) los ríos, no (sufriríamos / suframos) por las sequías.

6. No (suframos / sufriríamos) tanto por los incendios si (protejamos / protegiéramos) los bosques.

2 **Conversación** Completa la conversación entre Jorge y Miguel con la forma correcta del condicional o del imperfecto del subjuntivo de los verbos.

JORGE Miguel, ¿qué te gustaría hacer si (1) _____ (tener) más tiempo libre?

MIGUEL Me (2) _____ (encantar) viajar por toda Latinoamérica. De hecho, yo

(3) _____ (poder) viajar si (4) _____ (conseguir) el puesto

de investigador. Si lo consiguiera, yo (5) _____ (contribuir) a la protección

de las especies en peligro de extinción y tú (6) _____ (poder) venir commigo.

JORGE Si yo (7) _____ (tener) la oportunidad de ir, (8) _____

(ser) el hombre más feliz del planeta.

MIGUEL Piénsalo, si (9) _____ (ser) mi ayudante, no (10) _____

(tener) que aguantar más la vida en la gran ciudad.

JORGE Pero (11) _____ (tener) que aguantarte a ti, que tampoco es fácil. Es broma,

si tú (12) _____ (ser) mi jefe, yo trabajaría mucho más.

3 **Si yo...** Completa estas oraciones explicando qué hacías, harás o harías en estas situaciones.

1. Si fuera un mono en el zoológico, _____

2. Si tuviera una oveja, _____

3. Si veía a un pájaro, mi padre _____

4. Si se extinguen los gatos, _____

5. Si me mordiera un perro, _____

6. Si me pica una serpiente venenosa, _____

4 **¿Qué harías?** ¿Qué harías si estuvieras en el lugar de estas personas? Usa el condicional y el imperfecto del subjuntivo.

1. Un(a) multimillonario/a que está pensando en lanzar un carro híbrido.

   _____

2. Un hombre que se tiene que mudar a la ciudad y no quiere.

   _____

3. Una persona que se encuentra en medio de un terremoto.

   _____

4. Un chico que se pierde en el bosque.

   _____

5. Un chico a quien el médico le dice que se tiene que hacer vegetariano.

   _____

6. Una mujer en una isla desierta.

   _____

5 **Dilemas** Elige una de estas cuatro situaciones y escribe un párrafo en el que describes lo que harías tú. Usa el condicional y el imperfecto del subjuntivo en tu respuesta.

1. Te enteras por otra persona que un(a) amigo/a te dijo una mentira.

2. No puedes encontrar trabajo en tu propio país.

3. Tus padres no están de acuerdo con algo que tú quieres hacer.

4. Te acaban de despedir de tu trabajo por algo que tu mejor amigo/a hizo.

_____

_____

_____

_____

_____

_____

_____

_____

_____

_____

_____

_____

_____

_____

MANUAL DE GRAMÁTICA

6.5 Adverbs

1 **Adverbios** Escribe adverbios derivados de estos adjetivos.

1. básico _____
2. común _____
3. enorme _____
4. fácil _____

5. feliz _____
6. honesto _____
7. inmediato _____
8. rápido _____

2 **Sustituir** Sustituye las expresiones subrayadas por los adverbios terminados en **-mente**.

1. Los cazadores de Río Piedras hablaron con el alcalde <u>con tranquilidad</u>. _____
2. El incendio se apagó <u>con rapidez</u>. _____
3. Los ecologistas trataron el problema de la capa de ozono <u>con habilidad</u>. _____
4. El bosque está desapareciendo <u>con lentitud</u>. _____
5. Los ecologistas piden colaboración a las autoridades <u>con insistencia</u>. _____
6. Se aconseja no usar materiales desechables <u>a diario</u>. _____

3 **Consejos medioambientales** Escribe los consejos que todos deberíamos seguir para contribuir a la conservación de los recursos naturales. Usa al menos seis adverbios y frases adverbiales de la lista.

a menudo	así
a tiempo	casi
a veces	de vez en cuando
apenas	por fin

ATANDO CABOS

Lectura

1   **Antes de leer** ¿Existen animales en peligro de extinción en tu país? ¿Se hace algo para protegerlos?

_____

_____

_____

Las islas Galápagos

La fauna de Hispanoamérica es de una riqueza extraordinaria. Lamentablemente, algunas especies animales están en peligro de extinción a causa de la caza y la pesca indiscriminadas, la creciente deforestación y, por supuesto, la contaminación. Sin embargo, todavía se pueden encontrar paraísos en los que la naturaleza se ha salvado de la mano contaminadora del hombre.

En el océano Pacífico, a unos 1.000 kilómetros del Ecuador, se encuentra uno de los ecosistemas más extraordinarios del planeta. Se trata de las islas Galápagos, un archipiélago compuesto por 125 islas e islotes. Su origen volcánico le confiere al paisaje un aspecto de lugar encantado. Pero no es esta cualidad lo que atrae a los visitantes e investigadores, sino las maravillosas especies animales de estas islas.

El nombre del archipiélago proviene de la gran cantidad de tortugas gigantes que habitan allí, llamadas galápagos, y que son únicas en todo el planeta. Las islas Galápagos son un paraíso no sólo para estas tortugas, sino para muchas otras especies animales protegidas, como las iguanas marinas, los piqueros°, las fragatas°, los leones marinos, entre otras muchas especies de reptiles, aves y mamíferos. En 1835, Charles Darwin concibió su teoría de la evolución en estas islas, inspirado en la singularidad de las especies que encontró.

Debido al escaso° contacto que han tenido con el hombre, muchos de los animales del archipiélago no les tienen miedo a los visitantes y se acercan a ellos movidos por la curiosidad. Por ello, y para proteger el medio ambiente, hace unos años se limitó el número de turistas que puede visitar las islas anualmente. A pesar de ésta y otras medidas que se han tomado, algunas de las especies que viven en este ecosistema se encuentran actualmente en peligro de extinción.

piqueros *blue footed boobie* **fragatas** *frigatebird* **escaso** *limited*

2   **Después de leer** Completa estas oraciones con la opción correcta.

1. Algunas especies están en peligro de extinción debido a la caza y la pesca indiscriminadas y a _____.

   a. la deforestación y   b. la deforestación y   c. la contaminación y
      la contaminación   los incendios   los terremotos

2. Las islas Galápagos están en _____.

   a. el mar Caribe   b. el océano Atlántico   c. el océano Pacífico

3. El nombre de las islas proviene de una especie de _____ que vive allí.

   a. lagarto gigante   b. tortuga gigante   c. ballena

4. En las islas Galápagos se ha limitado el número de _____ al año, para proteger su medio natural.

   a. visitantes   b. aves   c. especies

Composición

3 **Preparación** Imagina que perteneces a una organización ambiental que trabaja en una campaña de sensibilización (*awareness*) para la protección de espacios naturales. Tú eres el/la encargado/a de escribir un folleto informativo.

Escribe una lista de los lugares que planeas proteger. Puedes buscar información en las lecturas del libro de texto. Luego, escribe otra lista para indicar lo que quieres proteger (animales, plantas, bosques, etc.). Por último, da consejos a los visitantes para que colaboren en la protección de los lugares que seleccionaste.

Dónde proteger	Qué proteger	Consejos y recomendaciones

4 **¡Escríbelo!** Escribe un folleto informativo para tu campaña de sensibilización.

- Incluye un eslogan o una cita sobre el medio ambiente para captar la atención del lector.
- Describe el lugar que quieres proteger. Explica dónde está, qué atracciones turísticas naturales tiene, etc. Debes elegir dos o tres espacios naturales.
- Describe qué se necesita proteger en particular y por qué. Usa la información de los artículos del libro de texto y de la lectura de la página anterior.
- Escribe tres consejos prácticos para que todos los visitantes puedan colaborar en la conservación de esos espacios naturales.

_____

_____

_____

_____

_____

_____

_____

_____

_____

_____

_____

_____

Workbook

Lección 6 Workbook

CONTEXTOS

Lección 1
Las relaciones personales

1   **Identificar** Marta va a leer una breve descripción de Caro, su compañera de apartamento. Marca los adjetivos que escuches en su descripción.

_____ cariñosa	_____ madura
_____ falsa	_____ mentirosa
_____ graciosa	_____ orgullosa
_____ harta	_____ preocupada
_____ insensible	_____ tacaña
_____ insensata	_____ tranquila

2   **No entiendo** Vuelve a escuchar lo que dice Marta de Caro e indica si lo que dicen las oraciones es cierto o falso.

	Cierto	Falso
1. Marta está feliz de vivir con Caro.	❏	❏
2. Caro es falsa.	❏	❏
3. Marta siempre termina pagando la comida.	❏	❏
4. Vivir con Caro es muy fácil.	❏	❏
5. Caro es muy madura.	❏	❏

3   **Una carta muy especial** Rosa, una psicóloga, tiene un programa de radio en el que da consejos sobre problemas sentimentales. Escucha mientras Rosa lee una carta de sus oyentes. Después, completa las oraciones con la opción correcta.

1. La persona que escribe la carta es _____.
     a. un chico joven   b. un señor mayor   c. una abuelita

2. Antonio está _____.
     a. ansioso   b. casado   c. viudo

3. Los amigos de Antonio _____.
     a. son geniales   b. no tienen experiencia   c. siempre tienen
                            en temas sentimentales   vergüenza

4. Antonio piensa que _____.
     a. su novia está agobiada   b. su novia coquetea   c. su novia odia a
         por Juan Carlos   con Juan Carlos   Juan Carlos

5. Antonio no quiere hablar con Juan Carlos sobre este problema porque _____.
     a. Juan Carlos es sensible   b. Antonio es tímido   c. Antonio es orgulloso

6. Antonio _____.
     a. no quiere discutir con   b. quiere discutir   c. quiere discutir con
         su novia   con Juan Carlos   sus amigos

Lab Manual

         Lección 1 Lab Manual   **77**

ESTRUCTURA

1.1 The present tense

1 **Nueva compañera** Marta está buscando una nueva compañera de apartamento. Escucha los mensajes que dos candidatas le han dejado y relaciona cada cualidad con la persona adecuada.

CANDIDATAS	Andrea	Yolanda
es tranquila		
come en la cafetería		
estudia mucho		
es activa		

2 **Para conocernos mejor** Marta y Yolanda han decidido salir juntas el viernes por la tarde para conocerse mejor y determinar si deben ser compañeras de apartamento. Escucha su conversación dos veces y después completa las oraciones.

1. Marta y Yolanda están leyendo _____.
   a. una revista de chismes   b. el periódico   c. un folleto de la ciudad

2. Marta lee el periódico _____.
   a. para ver qué pueden   b. para leer las noticias policiales   c. para relajarse
   hacer el viernes

3. El viernes por la noche, Yolanda quiere _____.
   a. salir con amigos   b. ir a la discoteca   c. ir al teatro

4. Hablando de dinero, Yolanda _____.
   a. quiere pagar los boletos   b. puede pagar boletos caros   c. no quiere pagar boletos caros

5. Marta dice que los boletos para el teatro los puede conseguir _____.
   a. su padre   b. su amigo Raúl   c. su madre

6. Van a cenar _____.
   a. a la casa de Marta   b. a un restaurante elegante   c. al restaurante de Raúl

7. La próxima vez que salga con Marta, Yolanda _____.
   a. va a organizar otra salida   b. va a dejar a Marta hacer los planes   c. va a mirar televisión

8. Marta y Yolanda _____.
   a. se llevan mal   b. no se caen bien   c. se llevan muy bien

1.2 *Ser* and *estar*

1   **De vacaciones** Pedro y su novia Leticia están de vacaciones. Mira el dibujo y marca **cierto** o **falso** para cada oración que escuches. Si es falsa, corrígela y escribe la oración cierta con **ser** o **estar**.

	Cierto	Falso	
1.	❑	❑	_____
			_____
2.	❑	❑	_____
			_____
3.	❑	❑	_____
4.	❑	❑	_____
			_____
5.	❑	❑	_____
			_____
6.	❑	❑	_____
			_____

2   **¿Qué significa?** Escucha cinco oraciones y elige el significado correcto para cada una.

1. a. Esta fruta es de color verde.
   b. Esta fruta no debe comerse todavía.

2. a. Me quiero ir. No me gustan las fiestas.
   b. Me quiero ir. No me gusta esta fiesta.

3. a. Ese actor no ha muerto.
   b. Ese actor es rápido e inteligente.

4. a. Esos zapatos le quedan bien a una persona alta como tú.
   b. Esos zapatos hacen que te veas más alta.

5. a. Mi niña se porta mal.
   b. Mi niña está enferma.

3   **El verbo adecuado** Escucha a Alan mientras menciona ocho sujetos de una oración. Luego, completa cada una de estas oraciones con la forma adecuada de *ser* o *estar* y con la información entre paréntesis. Sigue el modelo. Después, repite la respuesta correcta.

> **modelo**
>
> *Tú escuchas:* Juan
> *Tú lees:* de vacaciones
> *Tú dices: Juan está de vacaciones*

1. (un estudiante de español de primer año)
2. (en este momento en la cafetería de la universidad)
3. (en clase hasta las dos de la tarde)
4. (a las dos de la tarde)

5. (en el gimnasio)
6. (en buena forma física)
7. (bueno para los números)
8. (personas muy activas)

Lab Manual

1.3 Progressive forms

1 **La ex novia de Jorge** Escucha la conversación entre Gonzalo y Jorge, y después indica si estas oraciones son **ciertas** o **falsas**.

    Cierto Falso

1.   ❏   ❏   Jorge siempre está descansando o durmiendo.
2.   ❏   ❏   Gonzalo nunca mira por la ventana.
3.   ❏   ❏   Jorge y Gonzalo tienen una personalidad muy diferente.
4.   ❏   ❏   Jennifer López está paseando por la calle.
5.   ❏   ❏   Susana y Jorge se llevan muy bien.
6.   ❏   ❏   El chico argentino del tercer piso siempre se peleaba con Susana.

2 **¿Qué está pasando?** Vuelve a escuchar la conversación entre Gonzalo y Jorge y completa las oraciones según la información que escuchaste.

no / buscar	mirar la tele	pasear
caminar	mirar por	saludar
hablar	la ventana	

1. Mientras Jorge está en el sofá, Gonzalo _____.
2. Gonzalo piensa que Jorge siempre _____.
3. Gonzalo _____ a nadie.
4. Susana _____ por la calle.
5. Gonzalo dice que Susana _____.
6. Mientras habla con Jorge, Gonzalo _____.
7. El chico argentino del tercer piso y Susana _____.

3 **Preguntas** Marcela es muy chismosa y siempre anda preguntando qué están haciendo los demás. Su amigo Carlos contesta todas sus preguntas. Sigue el modelo y después repite la respuesta correcta.

> **modelo**
>
> *Tú escuchas:* ¿Qué están haciendo Diana y Marcos?
> *Tú lees:* estar / jugar / baloncesto
> *Tú contestas: Están jugando baloncesto.*

1. venir / criticar / a sus compañeras
2. seguir / leer / su revista
3. ir / caminar / por el corredor
4. llevar / bailar / tres horas
5. seguir / hablar / sin parar
6. andar / responder / todas tus preguntas

PRONUNCIACIÓN

Linking

Spanish often links words together based on the last sound of one word and the first sound of the next one. This tendency is why, when listening to native speakers, it may seem difficult to determine where one word ends and the next begins.

Vowel + same vowel

When one word ends with a vowel and the next word begins with the same vowel or same vowel sound, the two identical vowels fuse and sound as a single vowel. Listen to the following examples and repeat them after the speaker.

de entonces   **convertirse en**   **fue en**
llegada a   **para algunos**   **este examen**

Vowel + different vowel

When one word ends with a vowel and the next word begins with a different vowel or vowel sound, both sounds are pronounced as if they were one single syllable. Listen to the following examples and repeat them after the speaker.

puedo escribir   **como antes**   **políticamente incorrecto**
le importa   **nombre artístico**   **estudiaba ingeniería**

Consonant + vowel

When one word ends with a consonant and the next word begins with a vowel or a vowel sound, it sounds as though the consonant were actually occurring at the beginning of the following syllable. Listen to the following examples and repeat them after the speaker.

el humor   **el último**   **grandes ojos**
un ejemplo   **las opiniones**   **al igual**

VOCABULARIO

Ahora escucharás el vocabulario que está al final de esta lección en tu libro de texto. Escucha con atención cada palabra o expresión y después repítela.

CONTEXTOS

Lección 2
Las diversiones

1 **Planes de fin de semana** Escucha lo que dicen Alicia y Pilar e indica en la tabla qué planes tiene cada una para el fin de semana.

	ir a un concierto de rock	jugar al tenis en un torneo	ir a bailar	descansar	salir con Ricardo
Alicia			✓		
Pilar					

2 **Alicia y Pilar** Ahora vuelve a escuchar los planes de Alicia y Pilar y contesta las preguntas.

1. ¿En qué año de sus estudios está Alicia?
   Está en tercer año de medicina.

2. ¿Qué va a hacer Alicia el sábado por la noche?
   _____

3. ¿Qué va a hacer Alicia el domingo?
   _____

4. ¿Qué estudia Pilar Ramos?
   _____

5. ¿Cuándo va a participar Pilar en un torneo de tenis?
   _____

6. ¿Qué hace Pilar todos los sábados por la noche?
   _____

3 **Una conversación telefónica** Escucha la conversación telefónica entre Alicia y Pilar, y determina si las oraciones son **ciertas** o **falsas**. Luego, corrige las falsas en el espacio indicado.

Cierto	Falso		
❏	❏	1.	Alicia está de buen humor cuando contesta el teléfono.
❏	❏	2.	Alicia reconoce la voz de la persona que llama por teléfono.
❏	❏	3.	Pilar se acuerda del cumpleaños de Alicia.
❏	❏	4.	El cumpleaños de Alicia es el sábado.
❏	❏	5.	Pilar y Ricardo son novios.
❏	❏	6.	Alicia no tiene mucho trabajo.

Lab Manual

ESTRUCTURA

2.1 Object pronouns

1 **Regalos de cumpleaños** Gonzalo está mirando los regalos de cumpleaños que Alicia va a recibir. Escucha las preguntas de Gonzalo y responde según las pistas (*clues*). Después, repite la respuesta correcta.

> **modelo**
>
> *Tú escuchas:* ¿Quién le va a regalar este disco?
> *Tú lees:* Julia
> *Tú escribes:* Se lo va a regalar Julia.

1. (Juan y Luis) _____

2. (Pilar) _____

3. (Jorge) _____

4. (Su hermana) _____

5. (Sus primas) _____

6. (Su vecino del primer piso) _____

2 **¿Quién te lo va a regalar?** Alicia se entera de lo que sus amigos le van a regalar y se lo dice a su amigo Roberto. Contesta estas preguntas de Roberto como si fueras Alicia. Después, repite la respuesta correcta.

> **modelo**
>
> *Tú escuchas:* ¿Quién te va a regalar un disco?
> *Tú lees:* Julia
> *Tú dices:* Me lo va a regalar Julia.

1. Juan y Luis
2. Pilar
3. Jorge
4. Mi hermana
5. Mis primas
6. Mi vecino del primer piso

3 **La confusión de Mónica** Contesta las preguntas de Mónica, siguiendo el modelo. Después, repite la respuesta correcta.

> **modelo**
>
> *Tú escuchas:* ¿Miguel envió las invitaciones a Sara?
> *Tú lees:* no
> *Tú dices:* No, Sara se las envió a Miguel.

1. no   4. no
2. no   5. no
3. sí   6. sí

Lab Manual

2.2 *Gustar* and similar verbs

1 **¡Qué aburrido!** Escucha esta breve conversación entre Roberto y Rosa, y completa las oraciones.

1. A Roberto le aburren _____.
   a. las fiestas de cumpleaños   b. los conciertos   c. sus amigos

2. Según Rosa, Roberto sólo se tiene que preocupar de _____.
   a. comprar un pasaje de autobús   b. comprar un boleto   c. llevarle un regalo a Alicia

3. Según Roberto, Alicia le cae _____.
   a. mal   b. fatal   c. bien

4. A Roberto _____.
   a. no le gustan los conciertos   b. le encantan los conciertos   c. le gustan sólo los conciertos de rock

5. Le molestan _____.
   a. los sitios con música fuerte   b. los sitios donde hay mucha gente   c. los sitios donde hay poca gente

6. Rosa le dice que pueden verse _____.
   a. más tarde ese día   b. otro día   c. al día siguiente

2 **Curiosidad** Escucha las preguntas y respóndelas con la información entre paréntesis. Después de responder cada pregunta, escucha la respuesta correcta.

> **modelo**
>
> *Tú escuchas:* ¿Por qué no está Ricardo en la fiesta?
> *Tú lees:* (disgustar / fiestas)
> *Tú respondes: Porque le disgustan las fiestas.*

1. (no gustar / chocolate)

2. (interesar / canciones de moda)

3. (disgustar / ruido)

4. (caer bien)

5. (preocupar / lluvia)

6. (no gustar / esta música)

3 **Encuesta** Un reportero del periódico de tu ciudad te pide que participes en una encuesta sobre los gustos de los jóvenes. Responde afirmativamente a sus preguntas. Luego, escucha y repite la respuesta correcta. (*6 items*)

> **modelo**
>
> *Tú escuchas:* ¿Te gustan los conciertos de rock?
> *Tú dices: Sí, me gustan los conciertos de rock.*

Lab Manual

2.3 Reflexive verbs

1 **¡Qué diferentes!** Mira las ilustraciones y luego decide si lo que dice Alicia es **cierto** o **falso**.

Cierto Falso

1. ☑ ☐
2. ☐ ☐
3. ☐ ☐
4. ☐ ☐
5. ☐ ☐

Roberto

Jorge

2 **La rutina familiar** Tú recibiste una carta de Marta en la que cuenta la rutina diaria de su familia. Escucha un fragmento de la carta y empareja a las personas con sus actividades.

A	B
_____ 1. Andrés	a. Se levanta temprano para arreglarse.
_____ 2. Rosa	b. Se viste muy elegantemente.
_____ 3. Papá	c. Se olvida de quién es su familia.
_____ 4. Mamá	d. Se quita la ropa y se viste solo.
_____ 5. Alberto	e. Se ducha y se viste en quince minutos.
_____ 6. El abuelo	f. Se queja porque sólo hay un baño.

3 **Y después** Escucha lo que les pasa a estas personas y escoge un verbo de la lista para decir qué ocurre después. Luego, escucha la respuesta correcta y repítela. (*6 items*)

> **modelo**
>
> *Tú escuchas:* Josefina escoge la ropa perfecta para su entrevista importante.
> *Tú lees:* vestirse
> *Tú dices:* Y después se viste.

acordarse	dormirse
acostarse	mudarse
arrepentirse	quejarse
convertirse	quitarse
despertarse	vestirse

Lab Manual

PRONUNCIACIÓN Y ORTOGRAFÍA

Diéresis

As you already know, when the letter **g** is used before the vowels **e** or **i** it sounds like the letter **j**. When it is used before the vowels **a, o** and **u** it sounds like the **g** in **gato.**

Listen to the speaker and repeat each word.

gente	**gimnasio**	**pegamento**	**argolla**	**guajiro**

In order to maintain the sound of the **g**, as in **gato,** before the vowels **e** and **i,** you need to write a **u** between the **g** and the vowel. This **u** is never pronounced.

Listen to the speaker and repeat each word.

despegue	**guitarra**	**guerrero**	**aguinaldo**

In words like **pingüino** or **lingüística** the **u** is pronounced. To indicate this in writing, two dots called **diéresis** are added above the **u.**

Listen to the speaker read a few words with **diéresis.** Look at the spelling carefully and repeat each word.

bilingüe	**pingüino**	**cigüeña**	**lingüista**

The **diéresis** is also necessary when dealing with certain families of words, for example, when conjugating the verb **averiguar** or creating a diminutive from the noun **agua.** In cases like these, when the root word has a **g** pronounced like in **gato,** a **diéresis** is sometimes necessary to maintain the pronunciation of the **u.**

Listen to the speaker read pairs of words. Look at the spelling carefully and repeat each pair.

averiguar   → averigüé
avergonzar → avergüenzas
agua   → agüita
paraguas   → paragüitas
antiguo   → antigüedad

Lab Manual

VOCABULARIO

Ahora escucharás el vocabulario que está al final de esta lección en tu libro de texto. Escucha con atención cada palabra o expresión y después repítela.

CONTEXTOS

Lección 3
La vida diaria

1 Las tareas de Mateo Escucha las instrucciones que Amparo le da a Mateo y ordena sus tareas según la información que escuches.

_____ a. barrer las escaleras

___1___ b. apagar la cafetera después de desayunar

_____ c. recoger unos dulces en la tienda de la esquina

_____ d. pasar la aspiradora en los cuartos de los niños

_____ e. quitarle el polvo a los muebles del salón

_____ f. sacar la carne congelada (*frozen*) del refrigerador

_____ g. ir a comprar al supermercado antes de las tres

_____ h. elegir productos baratos en el supermercado

_____ i. cambiar el foco (*light bulb*) de la lámpara de la cocina

2 ¡Que no se me olvide! Escucha una lista de las instrucciones que Amparo le da a Mateo y haz la lista como si fueras Mateo. Sigue el modelo. Luego, escucha y repite la respuesta correcta. (*8 items*)

> **modelo**
>
> *Tú escuchas:* Calienta el café.
> *Tú dices: Caliento el café.*

3 Ocho horas después Son las cinco de la tarde y Amparo ya ha regresado del trabajo. Escucha la conversación que tiene con Mateo y elige la opción más adecuada para completar las oraciones.

1. Cuando Amparo regresa del trabajo, Mateo _____.

   a. está hablando con la vecina   b. está mirando la telenovela   c. está limpiando las ventanas

2. Amparo piensa que la vecina _____.

   a. debe trabajar más   b. siempre va arreglada   c. está enamorada de Mateo

3. A Mateo _____.

   a. le cae bien su vecina   b. le cae mal su vecina   c. le molesta su vecina

4. ¿Qué piensa Mateo sobre los dulces? _____.

   a. Le encantan   b. Los odia   c. Piensa que necesitan azúcar

5. Amparo no quiere que Mateo coma dulces porque _____.

   a. está a dieta   b. está enfermo   c. está obeso

6. Amparo piensa que Mateo _____.

   a. es asombroso   b. es muy tranquilo   c. es muy nervioso

Lab Manual

ESTRUCTURA

3.1 The preterite

1 **Para eso están los amigos** Mateo llamó a dos amigos para que lo ayudaran a limpiar la casa. Escucha lo que Mateo le cuenta a Amparo cuando ella regresa del trabajo, e indica en la tabla quién hizo cada tarea.

	poner la comida en el refrigerador	separar los ingredientes para la comida	ir al supermercado	hervir las papas y los huevos	traer productos de limpieza
Mateo					
Paco					
José Luis					

2 **Completar** Vuelve a escuchar lo que Mateo le cuenta a Amparo y completa las oraciones.

1. Mateo _____ a un par de amigos esta mañana.

2. Amparo los _____ en su fiesta de cumpleaños.

3. Ellos _____ muy tarde debido al tráfico.

4. José Luis _____ al supermercado y
_____ todas las cosas que pidió Amparo.

5. Cuando Paco _____, se puso a limpiar la cocina y
_____ toda la comida en el refrigerador.

6. Paco incluso _____ productos de limpieza.

3 **¿Y tú?** ¿Recuerdas qué hiciste la última vez que tuviste el apartamento para ti solo/a (to yourself)? Contesta las preguntas que escuches siguiendo el modelo, después repite la respuesta correcta.

> **modelo**
>
> *Tú escuchas:* El primer día, ¿miraste televisión todo el día o limpiaste la casa primero?
> *Tú lees:* limpiar la casa
> *Tú dices:* Limpié la casa primero.

1. tres días

2. pasar la aspiradora

3. pizza

4. mi mejor amiga

5. no

6. sí / a la oscuridad

7. ver una película

8. pasarlo muy bien

3.2 The imperfect

1 **Cuando era soltero...** Mateo está pensando en cómo era su vida antes de conocer a Amparo. Escucha lo que dice y después contesta las preguntas.

1. ¿Qué hacía Mateo todas las noches? Mateo _____ todas las noches.

   a. salía a comer   b. iba al cine   c. salía con sus amigos

2. ¿Limpiaba el apartamento a menudo? _____ su apartamento.

   a. Sí, limpiaba a menudo   b. No, nunca limpiaba   c. A veces limpiaba

3. ¿Cómo pagaba sus compras? Siempre pagaba con _____.

   a. dinero en efectivo   b. tarjetas de débito   c. tarjetas de crédito

4. ¿Tenía dinero? _____.

   a. No, pero no tenía deudas   b. No, tenía muchas deudas   c. Sí, tenía mucho dinero

5. ¿Por qué lo pasaba fatal? Lo pasaba fatal porque _____.

   a. era muy tímido   b. no tenía vida nocturna   c. era muy aburrido

2 **El gran cambio** Elena era antipática y decidió cambiar. Usa la información sobre su situación en el pasado para describir a la Elena de antes. Después, escucha la respuesta correcta y repítela.

> **modelo**
>
> *Tú escuchas:* Ahora yo hablo con mucha calma.
> *Tú lees:* muy rápido
> *Tú dices:* Antes yo hablaba muy rápido.

En el pasado

1. con estrés y ansiedad
2. cada cinco minutos
3. una persona agresiva
4. por los detalles más pequeños
5. muy temprano los fines de semana
6. nunca
7. de mal humor
8. la persona más antipática

3 **¿Cómo eras tú antes?** Piensa en cómo eras tú cuando estabas en la escuela primaria. ¿Tenías la misma personalidad que ahora? Contesta las preguntas en el espacio indicado.

1. _____

2. _____

3. _____

4. _____

Lección 3 Lab Manual

Lab Manual

3.3 The preterite vs. the imperfect

1 **Un chico con suerte** Ricardo es un estudiante con poca experiencia que acaba de conseguir su primer trabajo. Escucha la conversación entre Ricardo y su novia Isabel sobre la entrevista e indica si las oraciones son **ciertas** o **falsas**.

Cierto Falso

❑ ❑ 1. Ricardo conoció a su nuevo jefe en la cafetería antes de la entrevista.

❑ ❑ 2. El señor Álvarez suele entrevistar personalmente a los candidatos.

❑ ❑ 3. El día de la entrevista la secretaria del señor Álvarez estaba de vacaciones.

❑ ❑ 4. Cuando era niño el señor Álvarez vivió en Milán.

❑ ❑ 5. La señora Álvarez habla francés porque vivió muchos años en París.

❑ ❑ 6. La señora Álvarez estudió ingeniería.

❑ ❑ 7. El señor Álvarez antes era agricultor, pero ahora trabaja en un banco.

❑ ❑ 8. El señor y la señora Álvarez se mudaron hace poco a una casa nueva en el campo.

2 **Preparativos para la cena** Escucha lo que cuenta Isabel sobre la cena e indica si los verbos de la lista se usan en el pretérito o el imperfecto.

Infinitivo	Pretérito	Imperfecto
1. tener		
2. ordenar		
3. limpiar		
4. hacer la cena		
5. darse cuenta		
6. mirar		
7. enfadarse		
8. poner		
9. hacer		
10. terminar		
11. comenzar		
12. irse		

3 **¡A responder!** Escucha las preguntas y respóndelas con el pretérito o el imperfecto de los verbos y con la información entre paréntesis. Sigue el modelo. Después, repite la respuesta correcta.

> **modelo**
>
> *Tú escuchas:* ¿Por qué no invitaste a tu jefe a cenar?
> *Tú lees:* perder su número de teléfono
> *Tú dices: Porque perdí su número de teléfono.*

1. (tener quince años)
2. (lastimarse el tobillo)
3. (tener veinte años, una tarde de domingo.)
4. (olvidar la cita)
5. (comer mucho antes de venir)
6. (tener diez años y estar en la escuela.)

Lab Manual

PRONUNCIACIÓN

The sounds of p, t, and k

As you might recall, no consonant in Spanish is accompanied by the puff of air that the sounds of **p**, **t**, and **k** make in English when they occur at the beginning of a word. Place your hand directly in front of your lips and say the English words *pit*, *top*, and *car*. You should notice a puff of air that is released along with the initial consonant. This puff of air should never occur in Spanish. Instead, in Spanish these sounds should resemble the **p**, **t**, and **k** following the initial **s** of English *spit*, *stop*, and *scar*. Notice that no puff of air is released in these cases. Place your hand directly in front of your lips again, and compare the difference: *pit*, *spit*; *top*, *stop*; *car*, *scar*.

Listen to the speaker pronounce the following Spanish words and repeat them, focusing on the **p** sound.

proponer	**princesa**	**perdón**	**paja**	**palacio**
Pedro	**patio**	**pintar**	**plato**	**pobre**

Now listen to the speaker and repeat, focusing on the **t** sound.

tantos	**terror**	**tirano**	**típico**	**tampoco**
trabajo	**tranquilo**	**temas**	**triunfo**	**tropa**

Now listen to the speaker and repeat, focusing on the **k** sound. Remember that in Spanish a **c** before a consonant or the vowels **a**, **o**, and **u** sounds like **k**.

carne	**color**	**campo**	**comida**	**casa**
cuchillo	**conspiración**	**cansancio**	**cuadro**	**común**

Trabalenguas

Ahora que ya tienes práctica con la pronunciación básica de estos sonidos, es el momento de practicar con materiales más avanzados, como un trabalenguas. Presta atención a la pronunciación del narrador y repite cada trabalenguas tantas veces como sea necesario, hasta leerlo completo sin detenerte.

1. **Poquito a poquito Paquito empaca poquitas copitas en pocos paquetes.**

2. **Qué colosal col colocó en aquel local el loco aquel.**

3. **Treinta tramos de troncos trozaron tres tristes trozadores de troncos y triplicaron su trabajo.**

Lab Manual

VOCABULARIO

Ahora escucharás el vocabulario que está al final de esta lección en tu libro de texto. Escucha con atención cada palabra o expresión y después repítela.

Lección 4

La salud y el bienestar

CONTEXTOS

1 Identificación Escucha las siguientes definiciones de palabras o expresiones relacionadas con la salud. Después, escribe el número de la descripción correspondiente a cada una de las palabras de la lista.

___1___ a. tener fiebre   _____ d. cirujano/a   _____ g. consultorio

_____ b. vacuna   _____ e. obesidad   _____ h. jarabe

_____ c. sano/a   _____ f. relajarse   _____ i. desmayarse

2 En el consultorio del médico Escucha la conversación entre el doctor Pérez y Rosaura. Después, indica todos los síntomas que menciona Rosaura en la conversación.

_____ malestar general   _____ ansiedad   _____ dolor de espalda

_____ tos continua   _____ la tensión baja   _____ depresión

_____ la tensión alta   _____ fiebre alta   _____ vómitos

3 La salud de Rosaura Ahora escucha otra conversación entre el doctor Pérez y Rosaura e indica si las oraciones son **ciertas** o **falsas**.

Cierto	Falso	
❑	❑	1. Manuela del Campo es una cirujana.
❑	❑	2. El doctor Pérez quiere que Rosaura hable con Manuela.
❑	❑	3. A Rosaura no le gustan los doctores como Manuela porque piensan que ella es tonta.
❑	❑	4. Rosaura piensa hacer muchas consultas a la psiquiatra.
❑	❑	5. Rosaura va a llamar al doctor Pérez la próxima semana para contarle todo.
❑	❑	6. Para el doctor Pérez, el trabajo es tan importante como la salud.

4 ¿Cómo estás? Contesta las preguntas del doctor Pérez. Luego, escucha y repite la respuesta correcta.

modelo

Tú escuchas: ¿Qué le duele?
Tú lees: cabeza
Tú dices: Me duele la cabeza.

1. alimentación

2. brazo

3. resfriado

4. fiebre

5. mareado

6. dieta

Lab Manual

ESTRUCTURA

4.1 The subjunctive in noun clauses

1 Demasiados enfermos Claudia, una estudiante de medicina, está pasando el fin de semana en casa de sus padres. Escucha las instrucciones que ella le da a cada persona enferma y después conecta cada instrucción de la columna B con la persona correspondiente de la columna A.

A		B
papá	_____ papá _____	a. dejar de fumar inmediatamente
abuelo	_____	b. no beber más café
abuela	_____	c. tomarse la temperatura cada dos horas
mamá	_____	d. terminarse toda la sopa
Jorge	_____	e. meterse en la cama
Luis	_____	f. tomarse dos aspirinas con agua
Carmen	_____	g. llamar al médico si se siente peor

2 Yo te recomiendo Da consejos a un amigo. Sigue el modelo. Luego, escucha y repite la respuesta correcta.

modelo

Tú escuchas: Fumar hace mal.
Tú lees: sugerir
Tú dices: Le sugiero que no fume.

1. aconsejar
2. es importante
3. es necesario
4. pedir
5. recomendar
6. sugerir

3 Consejos para don José Don José está muy estresado porque lleva un estilo de vida muy agitado. Escucha los consejos que le da un médico y luego completa la tabla con la información que escuches.

Objetivos	Recomendaciones
1. Para mantenerse en forma,	1. _____ al gimnasio y _____ ejercicios para relajarse.
2. Para mejorar su dieta y prevenir enfermedades,	2. _____ frutas y verduras diariamente.
3. Para no estresarse por el trabajo,	3. _____ organizado y _____ tantas horas extras.
4. Para disfrutar más tiempo con su familia,	4. _____ actividades en la casa.
5. Para que usted y su esposa no discutan tanto,	5. _____ tiempo para descansar y divertirse juntos.

Lab Manual

4.2 Commands

1 **Los consejos de César** Escucha los consejos que le da César a una paciente sobre la salud y el bienestar e indica si son **lógicos** o **ilógicos**.

	lógico	ilógico		lógico	ilógico
1.	X	_____	6.	_____	_____
2.	_____	_____	7.	_____	_____
3.	_____	_____	8.	_____	_____
4.	_____	_____	9.	_____	_____
5.	_____	_____	10.	_____	_____

2 **¡A trabajar!** Eres médico y supervisas a un grupo de estudiantes de medicina. Contesta las preguntas de los estudiantes. Luego, escucha y repite la respuesta correcta.

> **modelo**
>
> *Tú escuchas:* ¿Debo trasnochar hoy?
> *Tú lees:* descansar
> *Tú dices:* No, hoy descansa.

1. calmante
2. poner una inyección
3. relajarse
4. consultorio
5. cirujano
6. bebé

3 **Que lo haga otra persona** Manuel le está dando mandatos a un ayudante, pero el ayudante no quiere colaborar. Escucha los mandatos de Manuel y di los mandatos indirectos con los que el ayudante le responde. Sigue el modelo. Luego, escucha y repite la respuesta correcta.

> **modelo**
>
> *Tú escuchas:* Pon las vendas en el armario.
> *Tú lees:* las enfermeras
> *Tú dices:* Que las pongan las enfermeras.

1. su secretaria
2. el enfermero nuevo
3. los otros ayudantes
4. la recepcionista
5. el voluntario
6. un especialista

Lab Manual

4.3 *Por* and *para*

1 **¿Por o para?** Completa las oraciones con **por** o **para**. Utiliza la información entre paréntesis. Sigue el modelo. Luego, repite la respuesta correcta.

> **modelo**
>
> *Tú escuchas:* Visitaba a su abuelo enfermo
> *Tú lees:* las tardes
> *Tú dices: Visitaba a su abuelo enfermo por las tardes.*

1. (unos meses)
2. (llamar al médico)
3. (tres semanas)
4. (relajarse con sus amigos)
5. (el parque)
6. (su abuela)
7. (unas pastillas)
8. (las montañas)

2 **Confesiones de una estudiante de medicina** Escucha la conversación entre la estudiante de medicina Amelia Sánchez y su amiga Carlota, y completa las respuestas. Usa **por** o **para**.

1. ¿A dónde va Amelia todos los días por la mañana?

   Amelia va _____ todos los días por la mañana.

2. ¿Por qué se levanta tan temprano?

   Debe preparar mil cosas _____.

3. ¿Qué es lo más importante de su profesión?

   _____ ella, lo más importante es el trato con los enfermos.

4. ¿Qué le gusta hacer por las tardes a Amelia para relajarse?

   Le gusta caminar _____ o ir al gimnasio.

5. ¿Carlota sigue trabajando con el laboratorio de análisis clínicos?

   No, ahora trabaja _____.

6. ¿Por qué Amelia estudia medicina?

   Estudia medicina _____ tenía una farmacia.

3 **Preguntas** Escucha las preguntas y contéstalas usando **por** o **para**. Luego, escucha y repite la respuesta correcta.

> **modelo**
>
> *Tú escuchas:* ¿En serio que viste a Brad Pitt en el restaurante?
> *Tú lees:* colmo / casualidad
> *Tú dices: Sí, lo vi por casualidad.*

1. si acaso / ejemplo
2. fin / siempre
3. su edad / otro lado
4. tanto / lo general
5. uno nuevo / mañana
6. casualidad / el viernes

Lab Manual (side tab)

PRONUNCIACIÓN

The sounds of r and rr

As you might recall, Spanish has two **r** sounds, neither of which resembles the English **r**.

The sound of the single *r*

When it occurs between vowels or at the end of a syllable, the sound of a single **r** in Spanish is produced with a single tap of the tip of the tongue on the ridge behind the upper front teeth. This sound is equivalent to the sound spelled *t, tt, d,* and *dd* in standard American English in words like *eating, butter, leading,* and *caddy.* Focus on the position of your tongue and teeth as you listen to the speaker, and repeat each word.

mujeres	**periodismo**	**formaron**	**cuerpo**	**cerámica**
poder	**curativo**	**conquistar**	**enfermedad**	**aparición**

The sound of the double *rr*

In words spelled with a double **rr**, as well as in those spelled with a single **r** occurring at the beginning of the word, the sound is pronounced as a trilled **rr**. The trill sound is produced by rapidly moving the tip of the tongue against the ridge behind the upper front teeth. This trill is also the case when the **r** sound appears after the letters **l** or **n**. Listen to the speaker and repeat each word, paying attention to the position of your tongue and teeth.

arráncame	**desenterrar**	**alrededor**	**recetar**	**enredar**
rebelión	**resultado**	**desarrollar**	**ruego**	**guerra**

Many words in Spanish differ from each other only through the **r** and **rr** sounds. It is important that you practice the right sound for each one to avoid being misunderstood. Listen to the speaker and repeat each one of these pairs.

coro/corro	**moro/morro**	**pero/perro**	**perito/perrito**

Further practice

Now that you have had the chance to focus on your pronunciation, listen as the speaker says the following sentence and repeat.

¿Cuánta madera roería un roedor si los roedores royeran madera?

Lección 4 Lab Manual **99**

Lab Manual

VOCABULARIO

Ahora escucharás el vocabulario que está al final de esta lección en tu libro de texto. Escucha con atención cada palabra o expresión y después repítela.

CONTEXTOS

Lección 5
Los viajes

1 **Un viaje cultural** Escucha el anuncio de radio e indica qué ofrece el viaje descrito.

_____ visita exclusiva al Museo de Arte Moderno de Nueva York

_____ guía turístico bilingüe

_____ día de compras

_____ viajes en taxi

_____ estancia en un hotel en Boston

_____ una cena romántica

_____ servicio de habitación las veinticuatro horas

_____ traslado al aeropuerto

_____ minibar y caja fuerte en el hotel

_____ limusina y entradas para ver un musical

2 **Viajes organizados** Escucha un anuncio de radio sobre viajes organizados y después completa las oraciones.

1. La agencia *Viajes Escape* prepara mini vacaciones para __profesionales ocupados y estresados__ .

2. Esta semana la agencia tiene _____ viajes de oferta.

3. Playa Dorada es una isla privada en _____ .

4. La cabaña incluye tres _____ y todas las _____ .

5. Puede practicar _____ por una tarifa adicional.

6. La excursión de montaña es en el estado de _____ .

7. El _____ es muy pintoresco y lleno de encanto.

8. El precio de la _____ de montaña es sólo de noventa y nueve dólares por persona.

3 **Definiciones** Escucha las preguntas y responde con oraciones completas. Luego, repite la respuesta completa.

modelo

Tú escuchas: ¿Qué es un pasaporte?
Tú lees: documento oficial / salir del país
Tú dices: Un pasaporte es un documento oficial para salir del país.

1. límite / separar / dos países
2. masa de tierra / rodeada / agua
3. viajar / agua / barco
4. acumulación de muchos carros / calle / mismo tiempo
5. restos / construcción antigua
6. lugar / muchos árboles / animales

Lab Manual

Nombre _____ Fecha _____

ESTRUCTURA

5.1 Comparatives and superlatives

1 Cuántos recuerdos Steve y María están de vacaciones. Después de cenar, los dos amigos van a dar un paseo por Chilapas, el pueblecito donde se hospedan. Escucha su conversación y después indica si cada una de estas afirmaciones es **cierta** o **falsa**.

Cierto	Falso	
❑	❑	1. A María el pueblo mexicano le recuerda su viaje a España.
❑	❑	2. Según María, Albarracín es un pueblo más grande que Chilapas.
❑	❑	3. En Chilapas hay menos flores que en Albarracín.
❑	❑	4. Las calles de Albarracín son más estrechas que las de Chilapas.
❑	❑	5. La gente de Albarracín es tan simpática como la de Chilapas.
❑	❑	6. Steve piensa que María no tiene más oportunidades que él para viajar.

2 Dos ciudades Tu amiga y tú discuten sobre sus ciudades. Responde a sus comentarios usando comparativos y superlativos. Sigue el modelo. Luego, repite la respuesta correcta.

> **modelo**
> *Tú escuchas:* Los restaurantes de mi ciudad son buenos.
> *Tú lees:* + / el mundo
> *Tú dices:* Los restaurantes de mi ciudad son los mejores del mundo.

1. – / el país
2. = / tu ciudad
3. + / todas
4. – / tu ciudad
5. + / tu ciudad
6. + / Latinoamérica

3 ¿Cuál te gusta más? Observa las diferencias entre las dos casas de la ilustración y después contesta las preguntas usando comparaciones.

Familia López

Familia Brito

1. _____
2. _____
3. _____
4. _____
5. _____

102 **Lección 5** Lab Manual

5.2 Negative, affirmative, and indefinite clauses

1 **Ideas para el viaje de fin de curso** Ricardo y Elvira se han reunido con otros dos compañeros de clase para tomar una decisión sobre su viaje de fin de curso. Escucha lo que dice cada uno y elige la mejor opción para completar cada oración.

_____ 1. a. o yo no voy al viaje.

        b. o me compro unos zapatos.

_____ 2. a. no tengo dinero.

        b. ni la naturaleza en general.

_____ 3. a. un viaje cultural.

        b. mal tiempo.

_____ 4. a. escuchar a nadie.

        b. tomar una decisión.

_____ 5. a. llegar (*reach*) a ninguna decisión.

        b. ni aprobar el examen.

_____ 6. a. también.

        b. tampoco.

2 **Viajeros muy diferentes** Escucha los comentarios y transforma los afirmativos en negativos y los negativos en afirmativos.

> **modelo**
>
> *Tú escuchas:* Elvira quiere visitar algunos museos.
> *Tú escribes:* Elvira no quiere visitar ningún museo.

1. A Ricardo _____ le gustan _____ los viajes en autobús.

2. Elvira _____ quiere viajar a zonas de playa.

3. A Ricardo le gustan _____ los lugares turísticos.

4. _____ a Elvira _____ a Ricardo les gusta la vida nocturna.

5. Elvira _____ se queda en hoteles caros cuando viaja.

6. Ricardo _____ quiere visitar _____ lugar exótico.

3 **No me gusta nada** Después de la charla con sus compañeros, Ricardo se siente muy frustrado y todo le parece mal. Escucha las preguntas y di las respuestas negativas que daría Ricardo. Después, repite la respuesta correcta. Sigue el modelo.

> **modelo**
>
> *Tú escuchas:* ¿Quieres viajar en temporada alta o en temporada baja?
> *Tú lees:* no / ni... ni
> *Tú dices:* No quiero viajar ni en temporada alta ni en temporada baja.

1. no / ni... ni

2. no / ninguno

3. no / ni... tampoco

4. no / ni... ni

5. ninguna

6. no / nadie

7. no / ningún

Lab Manual

5.3 The subjunctive in adjective clauses

1 **Los planes de Celia** Celia quiere ir de viaje a algún lugar exótico y le deja un mensaje en el contestador a Elisa, una amiga que trabaja en una agencia de viajes. Escucha el mensaje y complétalo con las partes que faltan.

Hola, Elisa:

Soy Celia y estoy planeando un viaje a un lugar exótico para conocer otra cultura. Quiero visitar un lugar

que no (1) _____. Me gustaría conocer culturas que (2) _____

y que (3) _____ costumbres distintas a las nuestras. Lamentablemente,

(4) _____ ahora mismo de vacaciones, así que tengo que viajar sola. Por eso,

prefiero un viaje organizado con un guía que hable español. Eso sí, que no (5) _____.

Ya sabes, tampoco tengo tanto dinero. ¡Ah! Quiero que (6) _____. Con tanto

trabajo, necesito descansar un poco, ¿no? ¿Tienes algún folleto que pueda mirar para informarme más?

Muchas gracias por tu ayuda.

2 **Cambiar** Escucha las oraciones afirmativas y transfórmalas en negativas. Sigue el modelo. Luego, repite la respuesta correcta.

> **modelo**
> *Tú escuchas:* Hay un hotel cerca de aquí que es económico.
> *Tú escribes:* No hay ningún hotel cerca de aquí que sea económico.

1. _____.
2. _____.
3. _____.
4. _____.
5. _____.

3 **Oferta** Contesta las preguntas de Natalia sobre el viaje en oferta que le recomendó la agencia de viajes. Sigue el modelo. Después, repite la respuesta correcta.

> **modelo**
> *Tú escuchas:* Hay museos que puedo visitar, ¿verdad?
> *Tú lees:* no / ningún
> *Tú dices:* No, no hay ningún museo que puedas visitar.

1. sí / varias personas
2. no / ningún instructor
3. no / nunca
4. sí / muchos turistas
5. no / jamás
6. sí / varios
7. no / ni un solo guía
8. no / ningún crucero

5.4 The present perfect and the past perfect

1 **Regreso** Beatriz ha regresado de su viaje de vacaciones. Ahora está hablando con su amiga Claudia. Escucha su conversación y después, completa las oraciones.

1. Durante sus vacaciones, Beatriz _____ varios países de Centroamérica.
   - a. ha conocido
   - b. ha estudiado
   - c. ha fotografiado

2. Primero, _____ Guatemala.
   - a. ha comido en
   - b. ha ido a
   - c. ha salido de

3. Beatriz ha ido a Nicaragua con unos amigos _____ en Guatemala.
   - a. que se habían perdido
   - b. que habían vivido
   - c. que había conocido

4. Yolanda _____ que las playas de Costa Rica son hermosas.
   - a. ha leído
   - b. ha visto
   - c. ha oído

5. En la playa, Beatriz _____ mucho.
   - a. ha nadado
   - b. se ha bronceado (*tanned*)
   - c. ha descansado

6. En Panamá, Beatriz _____ el Canal.
   - a. ha navegado
   - b. ha visto
   - c. ha cruzado

2 **Otro sujeto** Cambia cada oración que escuches usando el pronombre indicado. Después, repite la respuesta correcta.

> **modelo**
> *Tú escuchas:* Yo había visto la película, pero no me acordaba.
> *Tú lees:* nosotros
> *Tú dices: Nosotros habíamos visto la película, pero no nos acordábamos.*

1. nosotros
2. ustedes
3. ella

4. yo
5. nosotros
6. ellos

3 **Experiencias de viajes** Contesta las preguntas que vas a escuchar sobre tus viajes o los viajes de otras personas. Utiliza el pretérito perfecto o el pluscuamperfecto. Después, repite la respuesta correcta.

> **modelo**
> *Tú escuchas:* ¿Alguna vez has estado en un crucero?
> *Tú lees:* sí
> *Tú dices: Sí, yo he estado en un crucero.*

1. sí / bucear / hace seis meses
2. no / nunca / viajar juntos al extranjero
3. sí / usar Internet para comprar pasajes de avión / muchas veces

4. sí / ir a Machu Picchu / una vez
5. no / nunca / perder mi pasaporte antes
6. sí / estar / varias veces / albergue

VOCABULARIO

Ahora escucharás el vocabulario que está al final de esta lección en tu libro de texto. Escucha con atención cada palabra o expresión y después repítela.

Lab Manual

CONTEXTOS

1 **Identificación** Escucha el siguiente segmento de un programa de noticias. Después, marca las palabras de la lista que se mencionan.

_____ arrecife   _____ olas

_____ costas   _____ relámpagos

_____ sequía   _____ río

_____ huracán   _____ tormentas

_____ inundaciones   _____ truenos

2 **El medio ambiente** La universidad ha organizado tres programas para los estudiantes interesados en conservar y proteger el medio ambiente. Indica a qué programa pertenecen los datos en la tabla.

Datos del programa	Energía limpia	Mar azul	No a la crueldad
1. Buscar alternativas a la energía eléctrica			
2. Mejorar las condiciones para los animales de consumo humano			
3. Educar al público en general			
4. Protección y conservación de especies marinas			
5. Pedir apoyo del gobierno			
6. Vigilar la limpieza de playas y costas			

3 **Para un mundo mejor** Vuelve a escuchar la información sobre los programas medioambientales para voluntarios de la **actividad 2,** y después completa las oraciones.

1. El primer programa se ocupará de organizar _____.

2. El segundo programa es para _____.

3. Explicarán a los empresarios los peligros de _____ en nuestras aguas.

4. Los voluntarios formarán equipos para _____.

5. El tercer programa está dirigido por _____.

6. La mayoría de sus colaboradores están en contra del _____

Lab Manual

ESTRUCTURA

6.1 The future

1 **El futuro** Escucha las predicciones del futurólogo Rapel e indica si cada afirmación es **cierta** o **falsa**.

Cierto	Falso	**Los bosques**
❏	❏	1. Desaparecerán casi por completo.
❏	❏	2. No tendrán animales.
❏	❏	3. Serán como un desierto.
❏	❏	4. Tendrán muchos pájaros.

		Los océanos
❏	❏	5. Los mares se quedarán sin agua.
❏	❏	6. Los océanos se contaminarán.
❏	❏	7. No habrá playas limpias.
❏	❏	8. El agua estará llena de basura.

		Los seres humanos
❏	❏	9. Destruirán la naturaleza completamente.
❏	❏	10. No saldrán a pasear.
❏	❏	11. Vivirán felices.
❏	❏	12. No viajarán a otros lugares.

2 **Cambiar** Transforma cada oración usando el pronombre que ves como sujeto. Después, repite la respuesta correcta.

> **modelo**
> *Tú escuchas:* Yo protegeré los animales de nuestros bosques.
> *Tú lees:* nosotros
> *Tú dices: Nosotros protegeremos los animales de nuestros bosques.*

1. ella
2. nosotros
3. tú
4. ellos
5. usted
6. yo

3 **División del trabajo** La presidenta de un grupo ambiental se queja de lo mal que se hizo todo el mes pasado. Respóndele con oraciones completas. Después, repite la respuesta correcta.

> **modelo**
> *Tú escuchas:* ¡Nadie tomó nota en la última reunión!
> *Tú lees:* de ahora en adelante / Mariana
> *Tú dices: De ahora en adelante, Mariana tomará nota.*

1. esta noche / los nuevos miembros
2. este viernes / yo / también
3. la semana que viene / nosotras
4. en el futuro / tiempo / varias presentaciones
5. la próxima vez / tú
6. el mes que viene / todo

Lab Manual

6.2 The subjunctive in adverbial clauses

1 **Voluntarios para salvar el mundo** Lupita trabaja para una organización ecologista que está preparando un programa de educación medioambiental en las escuelas secundarias. Escúchala y luego completa lo que dice con la información correcta.

Hola, chicos: Soy Lupita y trabajo para la organización ecologista *Jóvenes verdes*. Hoy quiero hablarles de los problemas que tiene el planeta. En primer lugar, el agua será un recurso escaso en las próximas décadas (1) _____ serias medidas al respecto. También debemos proteger los mares y los océanos (2) _____ porque su supervivencia es fundamental para el ecosistema. (3) _____ los servicios de transporte público, nosotros tenemos que exigir (4) _____ de carros que usan combustible alternativo. No podemos seguir ensuciando el planeta sin que nuestra (5) _____. Es necesario tomar medidas drásticas (6) _____. Aunque las medidas para cuidar (7) _____ difíciles de poner en práctica, lo cierto es que nuestro futuro depende de nuestras acciones. Mientras nosotros (8) _____ numerosas especies irán desapareciendo y por eso debemos actuar inmediatamente.

2 **¿Es eso lógico?** Lupita está preparando un folleto en el que se explica cómo cuidar el medio ambiente. Escucha sus ideas e indica si son **lógicas** o **ilógicas**.

	Lógica	Ilógica
1.		
2.		
3.		
4.		
5.		
6.		
7.		
8.		

3 **¿Soy ecologista?** Escucha las preguntas y contesta usando las conjunciones indicadas.

modelo
Tú escuchas: ¿Utilizas el transporte público o prefieres el carro?
Tú lees: a menos que / no ser posible
Tú dices: Utilizo el transporte público a menos que no sea posible.

1. aunque / querer hacer más
2. para que / generar menos basura
3. antes de que / comenzar mi nuevo trabajo
4. tan pronto como / tener tiempo libre
5. antes de que / perjudicar a seres vivos
6. siempre que / poder llegar a tiempo al trabajo

Lab Manual

6.3 The past subjuntive

1   **Conferencia** Escucha la conversación y escoge la opción correcta para cada oración.

1. Raquel llamó a la agencia y le dijeron que _____.

   a. fuera inmediatamente   b. llamara hoy   c. no llamara más

2. Raquel les pidió que _____ antes de las cuatro.

   a. limpiaran las sillas   b. compraran las sillas   c. trajeran las sillas

3. El año pasado pidieron a los invitados que _____.

   a. miraran la información en   b. hicieran fotocopias   c. no malgastaran el papel
   la pantalla

4. Al Presidente del Gobierno no le parecería bien que Eugenia y Raquel _____.

   a. dieran la conferencia   b. hablaran con la Ministra   c. repartieran muchas
                                                                      fotocopias

5. La Ministra le dijo a Raquel que _____ la conferencia muy bien.

   a. diera   b. terminara   c. preparara

2   **Ahora tú** Escucha las oraciones y transfórmalas utilizando la información sugerida. Sigue el modelo. Luego, repite la respuesta correcta.

> **modelo**
>
> *Tú escuchas:* Sofía quería que yo participara en la huelga.
> *Tú lees:* nosotros
> *Tú escribes:* Sofía quería que nosotros participáramos en la huelga.

1. Víctor

2. ustedes

3. usted

4. los niños

5. yo

6. Roberto y yo

3   **El ecologista** Daniel es un estudiante que lucha para proteger el medio ambiente. Escucha lo que dice y transforma cada oración utilizando las expresiones sugeridas. Después, repite la respuesta correcta.

> **modelo**
>
> *Tú escuchas:* Mis padres pertenecían a Greenpeace.
> *Tú lees:* fue bueno que
> *Tú dices:* Fue bueno que mis padres pertenecieran a Greenpeace.

1. era necesario que   4. nosotros le pedimos que

2. te sugerí que   5. nuestros profesores nos aconsejaron que

3. Celia me recomendó que   6. fue urgente que

Lab Manual

6.4 *Si* clauses with simple tenses

1 **El futuro** Escucha las oraciones y termínalas con la respuesta más lógica.

1. a. los peces sobrevivirán.
   b. los peces morirán.

2. a. se extinguirán.
   b. se reciclarán.

3. a. no destruiremos tantos árboles.
   b. habrá huracanes.

4. a. sufriremos mucho.
   b. viviremos mucho mejor.

5. a. afectará al calentamiento global.
   b. seremos más sanos.

6. a. no habría sequía.
   b. dormiría en un árbol.

2 **La veterinaria** Escucha la conversación entre Eva y su amiga Olga. Completa las oraciones con el tiempo adecuado. Luego, decide si son **ciertas** o **falsas**.

Cierto   Falso

❏   ❏   1. Si Eva _____ (ir) de viaje a Puerto Rico, trabajaría de veterinaria.

❏   ❏   2. Si no _____ (conseguir) trabajo enseguida, volvería a casa.

❏   ❏   3. Si _____ (tener) tiempo libre, visitaría los sitios arqueológicos y las playas de Puerto Rico.

❏   ❏   4. Si _____ (hacer) estas visitas, aprendería poco.

❏   ❏   5. Si _____ (aprender) mucho, escribiría un doctorado.

❏   ❏   6. Si Eva _____ (graduarse), sería la persona más feliz de la tierra.

3 **¿Y tú?** Escucha las preguntas sobre situaciones presentes e hipotéticas y contesta con oraciones completas. Usa el presente y el condicional, según corresponda. Después, repite la respuesta correcta.

> **modelo**
> *Tú escuchas:* ¿Qué harías si te ofrecieran un trabajo de cazador?
> *Tú lees:* no aceptarlo
> *Tú dices: Si me ofrecieran un trabajo de cazador, no lo aceptaría.*

1. salir corriendo
2. ir al sótano (*basement*)
3. visitar inmediatamente al médico
4. hablarle muy seriamente
5. no tener ni idea de qué hacer

VOCABULARIO

Ahora escucharás el vocabulario que está al final de esta lección en tu libro de texto. Escucha con atención cada palabra o expresión y después repítela.

Lab Manual

¡BIENVENIDA, MARIELA!

Lección 1

Antes de ver el video

1 **¿Qué están diciendo?** En la primera lección, los empleados de la revista *Facetas* conocen a Mariela, una nueva compañera de trabajo. Observa esta imagen y haz predicciones sobre lo que está ocurriendo.

_____

_____

_____

_____

_____

_____

Mientras ves el video

2 **Completar** Completa las conversaciones con lo que escuchas en el video.

1. **JOHNNY**   En estos momentos _____ en el _____.

   DIANA   ¡No! Di que _____ _____ con un cliente.

2. **JOHNNY**   Jefe, _____ un mensaje de Mariela Burgos.

   AGUAYO   _____ a reunirse con nosotros.

3. **JOHNNY**   Perfecto. Soy el _____ Juan Medina.

   ÉRIC   _____ a *Facetas*, señor Medina.

4. **AGUAYO**   Hay que ser _____ al contestar el teléfono.

   DIANA   Es una _____.

5. **DIANA**   Me han hablado tanto de ti que estoy _____ por conocer tu propia versión.

   MARIELA   Estudio en la UNAM y _____ de una familia grande.

6. **FABIOLA**   ¿Qué te _____?

   ÉRIC   Creo que es bella, _____ e inteligente.

3 **¿Quién hace esto?** Escribe el nombre de los personajes que hacen estas acciones.

1. Ordena una pizza. _____

2. Le presenta el equipo de empleados a Mariela. _____

3. Contesta el teléfono. _____

4. Da su opinión sobre Mariela. _____

5. Hacen una demostración de cómo recibir a un cliente. _____

Video Manual

Después de ver el video

4 **Corregir** Estas oraciones son falsas. Reescríbelas con la información correcta.

1. Diana les da a sus compañeros copias de la revista *Facetas*.

_____

2. Aguayo les explica a sus empleados cómo contestar una carta.

_____

3. Mariela ordena una pizza porque tiene hambre.

_____

4. Mariela viene de una familia pequeña de sólo dos hijos.

_____

5. Al final, Fabiola y Éric hablan de comida.

_____

5 **En tu opinión** Contesta estas preguntas.

1. ¿Crees que Johnny y Éric deben cambiar sus actitudes en el trabajo? Explica.

_____

_____

2. ¿Qué empleado/a de la oficina es más serio/a? ¿Quién es el/la más divertido/a? ¿Por qué?

_____

_____

3. ¿Cuál de los personajes tiene el trabajo más interesante? ¿Por qué?

_____

_____

4. ¿Cómo es la relación de los empleados con Aguayo? Explica tu respuesta.

_____

_____

5. Mariela tiene una familia muy grande. ¿Y tú? ¿Cómo es tu familia?

_____

_____

6 **Escribir** Hay seis personajes principales en el video. Elige a dos de ellos y luego escribe una descripción que incluya características físicas, de la personalidad y tu impresión personal de cada uno. Escribe al menos tres oraciones sobre cada uno.

_____

_____

_____

_____

_____

_____

_____

_____

¡TENGO LOS BOLETOS!

Antes de ver el video

1 **¿Qué boletos?** Mariela tiene unos boletos (*tickets*) en la mano. ¿Para qué evento crees que serán? ¿Invitará a alguna persona de la oficina? Imagina una conversación entre Mariela, Aguayo y Fabiola.

_____

_____

_____

_____

_____

_____

Mientras ves el video

2 **¡Es viernes!** Escucha con atención la conversación entre Johnny y Éric, e indica cuáles de estas palabras o verbos se mencionan.

1. _____ el cine   5. _____ divertirse
2. _____ el concierto   6. _____ el fútbol
3. _____ la fiesta   7. _____ la discoteca
4. _____ el teatro   8. _____ aburrirse

3 **Completar** Escucha con atención esta conversación entre Éric y Diana. Luego, completa las oraciones.

ÉRIC Diana, ¿te puedo (1) _____ un (2) _____?

DIANA Estoy algo (3) _____.

ÉRIC Es que se lo (4) _____ que contar a una (5) _____.

DIANA Hay dos (6) _____ más en la oficina.

ÉRIC Temo que se rían (7) _____ se lo cuente.

DIANA ¡Es un (8) _____!

ÉRIC Temo que se rían de (9) _____ y no del (10) _____.

DIANA ¿Qué te hace (11) _____ que yo me voy a (12) _____ del chiste y no de ti?

ÉRIC No sé, ¿tú eres una (13) _____ seria?

DIANA ¿Y por qué se lo tienes que (14) _____ a una (15) _____?

ÉRIC Es un (16) _____ para conquistarlas.

Video Manual

Después de ver el video

4 **¿Por qué?** Contesta estas preguntas sobre el estado de ánimo de los personajes.

1. ¿Por qué Éric está tan triste y deprimido?

_____

2. ¿Qué consejo le da Johnny a Éric para enamorar a una mujer?

_____

3. ¿Por qué Mariela está tan entusiasmada y feliz?

_____

4. ¿Por qué se ríe tanto Diana?

_____

5 **¿Qué dicen exactamente?** Las siguientes oraciones son incorrectas. Léelas con atención y luego reescríbelas con la información correcta.

1. Éric está con cara triste porque está enfermo.

_____

2. ¡Anímate! Es mitad de mes.

_____

3. Necesitas aburrirte.

_____

4. Tienes que contarles mentiras.

_____

5. *Conexión.* Aquí tengo el disco compacto. ¿Lo quieren ver?

_____

6. Deséenme buen viaje.

_____

7. ¿Alguien tiene café?

_____

8. ¿Lo hiciste tú o sólo lo estás bebiendo?

_____

6 **Piropos o chistes** Johnny le dice a Éric que, para atraer a las chicas, hay que contarles chistes. Otra estrategia para conquistarlas es decirles piropos (*compliments*) graciosos. Escribe chistes o piropos que tú le dirías a una persona para conquistarla.

_____

_____

_____

_____

_____

_____

¿ALGUIEN DESEA AYUDAR?

Lección 3

Antes de ver el video

1 **¡Estoy a dieta!** Diana regresa del almuerzo con unos dulces. ¿Sobre qué crees que están hablando Diana, Aguayo y Mariela? Inventa una pequeña conversación entre ellos.

_____

_____

_____

_____

_____

Mientras ves el video

2 **¿Cierto o falso?** Escucha con atención la primera parte del video e indica si las siguientes oraciones son **ciertas** o **falsas**.

Cierto	Falso	
❑	❑	1. Diana odia los fines de semana.
❑	❑	2. Fabiola y Diana siempre discuten los lunes.
❑	❑	3. Los hijos de Diana la ayudan con las tareas del hogar.
❑	❑	4. Fabiola va de compras con la hija mayor de Diana.
❑	❑	5. Diana no supervisa los gastos de sus hijos.
❑	❑	6. La suegra de Diana perdió la tarjeta de crédito.

3 **Completar** Escucha lo que dicen Aguayo y sus empleados. Luego, completa las oraciones.

almorcé	comí	limpieza
almuerzo	enfermo	llegué
aspiradora	esfuerzo	querías
ayudarte	estuviste	traje

1. El señor de la _____ dejó un recado (mensaje) diciendo que está _____.

2. Voy a pasar la _____ a la hora del _____.

3. Les _____ unos dulces para premiar su _____.

4. Qué pena que no _____ a tiempo para _____.

5. Lo mismo digo yo. Y eso que _____ tan de prisa que no comí postre.

6. Tienes lo que _____ y yo también. Por cierto, ¿no _____ en el dentista?

Video Manual

Después de ver el video

4   **Excusas** Aguayo pide ayuda a sus empleados para limpiar la oficina, pero todos tienen una excusa. Completa las siguientes oraciones, escribiendo cuál es la excusa de cada personaje.

1. Fabiola no puede ayudar porque _____

2. Diana no puede ayudar porque _____

3. Éric no puede ayudar porque _____

4. Johnny no puede ayudar porque _____

5   **¡Qué buena es Mariela!** Mariela es la única que ayuda a Aguayo a limpiar la oficina. Escribe todas las tareas que hacen entre los dos. Luego, inventa otras tareas que podrían haber hecho.

_____
_____
_____
_____

6   **Limpiar y desinfectar** Escribe un párrafo de al menos diez líneas indicando qué tareas hiciste la última vez que limpiaste y ordenaste tu casa. Puedes usar los verbos de la lista.

barrer	ordenar
lavar	pasar la aspiradora
limpiar	quitar el polvo

_____
_____
_____
_____
_____
_____
_____
_____
_____
_____
_____
_____
_____

Video Manual

¿DULCES? NO, GRACIAS.

Antes de ver el video

1

¡Adiós, dulcísimos! A Johnny le encantan los dulces, pero ha decidido mejorar su alimentación y, por eso, parece que Johnny se está despidiendo de los dulces. ¿Qué crees que está diciendo? Imagina un monólogo y escríbelo.

_____

_____

_____

_____

_____

_____

Mientras ves el video

2

Completar Escucha con atención la escena en la sala de reuniones y completa la conversación entre Aguayo, Diana, Éric y Mariela.

AGUAYO   Quiero que (1) _____ unos cambios a estos (2) _____.

DIANA   (3) _____ que son buenos y (4) _____, pero tienen dos problemas.

ÉRIC   Sí. Los (5) _____ son buenos no son originales, y los que son originales no son (6) _____.

AGUAYO   ¿Qué (7) _____?

AGUAYO   ¿(8) _____ la voz?

DIANA   (9) _____ a Dios… Por un momento (10) _____ que me había quedado (11) _____.

AGUAYO   Pero estás (12) _____, deberías estar en (13) _____.

ÉRIC   Sí, (14) _____ haber llamado para (15) _____ que no (16) _____.

3

¿Cuándo pasó? Ordena correctamente las oraciones del uno al cinco.

_____ a. Fabiola y Johnny hablan en la cocina.

_____ b. Mariela no puede contestar el teléfono de Aguayo.

_____ c. Johnny llega a la oficina muy temprano.

_____ d. Johnny come la Chocobomba.

_____ e. Don Miguel come un dulce.

Después de ver el video

4 **Oraciones falsas** Estas oraciones son falsas. Reescríbelas con la información correcta.

1. **Johnny:** Madrugué para ir al acuario.

_____

2. **Diana:** A veces me dan ganas de comer, y entonces hago ejercicio hasta que se me pasan las ganas.

_____

3. **Fabiola:** Yo, por ejemplo, no como mucho; pero trato de descansar y hacer poco ejercicio.

_____

4. **Johnny:** Comida bien grasienta (*greasy*) y alta en calorías. Juré que jamás volvería a probar las verduras.

_____

5. **Johnny:** Si no puedes comer bien, disfruta comiendo mal. No soy feliz.

_____

5 **¿Estás de acuerdo con ellos?** Explica qué hacen estos tres personajes, o qué piensan que deben hacer, para mantenerse sanos, en forma y felices. Luego, explica si estás de acuerdo o no con cada uno de ellos y por qué.

_____

_____

_____

_____

_____

_____

_____

_____

_____

6 **¿Adictos a la vida sana?** ¿Cómo es un(a) estudiante típico/a de tu escuela? ¿Lleva una dieta sana o come comidas rápidas? ¿Hace ejercicio o prefiere descansar "hasta que se le pasen las ganas" como Diana? ¿Y tú? ¿Eres o no adicto/a a la vida sana?

_____

_____

_____

¡BUEN VIAJE!

Lección 5

Antes de ver el video

1 **En la selva** En este episodio Éric y Fabiola hablan de su viaje a Venezuela. Mira la fotografía y describe qué crees que están haciendo Éric y Johnny.

_____

_____

_____

_____

_____

_____

_____

Mientras ves el video

2 **Seleccionar** Escucha atentamente el video y marca todas las palabras y frases que **NO** se usan en este episodio.

_____ 1. alojamiento   _____ 6. ecoturismo   _____ 11. inseguridad   _____ 16. árboles

_____ 2. arriesgado   _____ 7. enfrentar   _____ 12. peligro   _____ 17. selva

_____ 3. artículo   _____ 8. enojado   _____ 13. quejarse   _____ 18. tomando fotos

_____ 4. cobardes   _____ 9. explorando   _____ 14. rayas   _____ 19. turístico

_____ 5. protegido   _____ 10. guía fotográfico   _____ 15. rayos   _____ 20. valiente

3 **Ordenar** Escucha con atención las primeras escenas del video y ordena las oraciones del uno al seis.

_____ a. El autobús del hotel nos va a recoger a las 8:30.

_____ b. ¿Y ese último número para qué es?

_____ c. Tenemos que salir por la puerta 12.

_____ d. Es necesario que memoricen esto.

_____ e. Es lo que van a tener que pagar por llegar en taxi al hotel si olvidan los dos números primeros.

_____ f. Cuarenta y ocho dólares con cincuenta centavos.

4 **¿Quién lo dice?** Presta atención a la conversación entre Aguayo, Éric, Diana, Johnny y Mariela al final del episodio, y escribe el nombre del personaje que dice cada oración.

_____ 1. Pero te puede traer problemas reales.

_____ 2. Es necesario que dejes algunas cosas.

_____ 3. Todo lo que llevo es de primerísima necesidad.

_____ 4. Debe ser emocionante conocer nuevas culturas.

_____ 5. Espero que disfruten en Venezuela y que traigan el mejor reportaje que puedan.

Video Manual

Después de ver el video

5 **¿Lo sabes?** Contesta estas preguntas.

1. ¿Por qué van Éric y Fabiola a Venezuela?

_____

2. ¿Qué les da Diana a Fabiola y a Éric?

_____

3. ¿Qué tiene Fabiola que Éric quiere ver?

_____

4. ¿Qué deben memorizar Éric y Fabiola?

_____

5. ¿Por qué Éric se viste de explorador?

_____

6. ¿Qué consejo les da Johnny a Éric y a Fabiola?

_____

6 **¡Tu mejor amigo se va de viaje!** Tu mejor amigo/a está preparando un viaje de un mes a un país remoto y exótico del cual no sabe nada. Lee las inquietudes (*concerns*) de tu amigo/a y completa las oraciones para darle consejos sobre el tipo de cosas que necesita.

Inquietudes de tu amigo/a	Consejos
No conoce el idioma.	1. Busca una persona que _____.
	2. Lleva un diccionario de bolsillo (*pocket*) que _____.
No conoce las costumbres.	3. Antes de ir, lee una guía que _____.
Hace frío y llueve mucho.	4. Lleva ropa y zapatos que _____.
La altitud lo/la hace sentir muy cansado/a.	5. Planea excursiones que _____.
	6. Come comida que _____.

7 **La aventura ha comenzado** Imagina que eres Éric y estás en Venezuela tomando fotos para el reportaje de ecoturismo. Cuenta en tu diario lo que hiciste, lo que viste y lo que pensaste en un día cualquiera de tu viaje.

_____

_____

_____

_____

_____

_____

_____

Video Manual

CUIDANDO A BAMBI   # Lección 6

Antes de ver el video

1 **¡Uy, qué miedo!** Parece que algo extraño está pasando hoy en la oficina. Describe lo que ves en esta imagen y explica qué crees que está pasando.

_____

_____

_____

_____

_____

_____

_____

Mientras ves el video

2 **¿Cierto o falso?** Indica si estas oraciones son **ciertas** o **falsas**.

Cierto   Falso

❑   ❑   1. A Fabiola le encantan las arañas.

❑   ❑   2. Mariela cree que la radiación podría exterminar las cucarachas.

❑   ❑   3. El café que hace Aguayo es especialmente malo.

❑   ❑   4. Aguayo va de vacaciones a un lugar donde hay mar.

❑   ❑   5. Mariela va a cuidar el pez de Aguayo.

❑   ❑   6. A Aguayo le encanta explorar y disfrutar de la naturaleza.

❑   ❑   7. A Fabiola le fascina la comida enlatada.

❑   ❑   8. Aguayo colecciona fotos de animales en peligro de extinción.

3 **Bambi** Escucha con atención esta escena sobre Bambi y completa la conversación entre Diana, Fabiola y Mariela.

FABIOLA Nos quedaremos (1) _____ a Bambi.

DIANA Ay, no sé ustedes, pero yo lo veo muy (2) _____.

FABIOLA Claro, su (3) _____ lo abandonó para irse a dormir con las

(4) _____.

MARIELA ¿Por qué no le (5) _____ de comer?

DIANA Ya le he (6) _____ tres veces.

MARIELA Ya sé, podríamos darle el (7) _____.

Video Manual

Después de ver el video

4 **¿Qué es lo correcto?** Selecciona la respuesta correcta para cada pregunta.

1. ¿Qué extraña Johnny? _____
a. las islas del Caribe
b. las playas del Caribe
c. los peces del Caribe

2. ¿Qué está haciendo Éric? _____
a. fotografiando islas
b. catalogando fotos de islas
c. soñando con el Caribe

3. ¿Cuántas fotos de las playas del Caribe ha visto Éric? _____
a. trescientas
b. doscientas
c. cuatrocientas

4. ¿Quién es Bambi? _____
a. el venadito de Mariela
b. el pez de Aguayo
c. un perrito con cara de pez

5. ¿Qué nombre sugiere Fabiola para el pez? _____
a. Bambi
b. Bimba
c. Flipper

5 **¿Qué sabes sobre Bambi?** Contesta estas preguntas.

1. ¿Cuántas veces al día puede comer Bambi?
_____

2. ¿Qué encontró Fabiola en el escritorio de Johnny?
_____

3. ¿Por qué quiere Mariela darle la ballenita a Bambi?
_____

4. ¿Qué hace Mariela para alegrar a Bambi? ¿Por qué?
_____

5. ¿Quién está celoso (*jealous*) de Bambi? ¿Por qué?
_____

6 **De campamento** Imagina que eres Aguayo y estás de campamento con tu familia. Escribe una entrada de diario explicando qué hicieron y qué vieron.

_____
_____
_____
_____
_____
_____

7 **Opiniones y preferencias** Contesta las preguntas explicando tu respuesta.

1. ¿Te dan miedo las arañas? ¿Qué haces tú cuando ves una araña? ¿Por qué?
_____
_____

2. ¿Qué tipo de alojamiento prefieres cuando sales de vacaciones? ¿Prefieres quedarte en un hotel o acampar? ¿Por qué?
_____
_____

Video Manual

Photography and Art Credits